Deux options : l'une opte pour la santé, l'autre pour toujours plus de maladies (réfléchissez, quelle option avons-nous ?) - Professeur Pierre Capel : "c'est vraiment criminel ce qui est fait".

Nous en sommes maintenant à une vingtaine de mois. Les injections ne fonctionnent pas un seul instant, et toutes sortes de choses se passent mal", commence le professeur d'immunologie expérimentale Pierre Capel. Puis il montre la connexion moléculaire d'une "substance" dont il ne peut plus prononcer le nom sans risquer d'être bloqué : l'Ivermectine. Regardons cela. Ce n'est pas autorisé, mais nous le faisons quand même en secret".

Cette "substance" a été découverte il y a 50 ans et a déjà été prescrite à 2,6 milliards de personnes sans aucun problème. Le dosage correct, les effets secondaires possibles (légers et rares) sont tous connus. Elle agit directement contre un grand nombre de maladies et d'infections, comme la cécité des rivières, la malaria, les flavo-virus, la dengue, et oui, aussi parfaitement contre les coronavirus.

L'ivermectine a également remporté la plus haute récompense médicale, à savoir le prix Nobel. Ceux qui l'ont mis au point ont veillé à ce qu'il ne puisse pas être breveté et donc à ce qu'il ne puisse pas rapporter d'argent, de sorte qu'il coûte moins d'un euro et qu'il

est en théorie accessible à tous les habitants de la planète. (En bref : un cauchemar absolu pour Big Pharma).

Deux pays : l'un opte pour la santé, l'autre pour toujours plus de maladies

Le Japon a récemment connu une nouvelle épidémie de corona, "par coïncidence" après que presque tout le monde ait été vacciné. Le 13 août, le gouvernement japonais a pris une décision courageuse en allant à l'encontre des diktats de l'OMS (= Bill Gates), à savoir en autorisant l'Ivermectine. Les "infections" ont continué à augmenter pendant un certain temps, mais ont ensuite connu une forte baisse. Aujourd'hui, la maladie a disparu. La variante delta, et toutes les variantes - elles n'existent plus. Comme c'est bête...

Alors nous avons une autre option", poursuit Capel. Et ils ont aussi eu tout un tas d'infections - quoi que cela puisse être - à l'automne. Mais supposons que tout cela soit du Covid. Il fallait donc faire quelque chose. Et qu'est-ce qui a été fait ? La petite pilule a été interdite et il y avait de fortes pénalités.' Conséquence pour la maladie ? Elle se porte bien. Laissez-la partir ! Heureusement, tout peut être cassé à nouveau. Les vaccins ne fonctionnent pas, et cette troisième piqûre ? Oubliez-la. Et la maladie demeure : "Bring Back Better ? C'est ce qu'on va faire !

Alors, y a-t-il quelque chose de positif à dire sur le "vaccin" ?

* Cela ne fonctionne pas pour les personnes âgées, comme le montrent toutes sortes d'études. Le groupe qui est censé être protégé tombe malade parce que son système immunitaire a vieilli, qu'à 83, 84 ans ou plus, il est sur le point de mourir. Ça ne marche pas pour ça.

* La protéine de pointe recherchée est la pointe de Wuhan, et elle n'existe plus depuis longtemps. Par conséquent, les anticorps neutralisants ne sont pas produits pour les variantes Delta, Kappa, Brittany, la Columbian et autres.

* Très ennuyeux : les injections génèrent des anticorps qui ne font qu'aggraver la situation (Antibody Dependent Enhancement - ADE). Les "vaccinations" génèrent en fait des mutations plus nombreuses et plus rapides, transformant les vaccinés en super-transmetteurs. Il existe toutes sortes d'études sur ce sujet.

* La protéine de pointe est toxique et ne reste pas dans le bras, mais se répand dans tout le corps (y compris les organes cruciaux, le cœur et le cerveau) et y cause des dommages, comme des problèmes de coagulation et des problèmes inflammatoires. Capel : "Oui, et le fait que tout d'un coup des jeunes gens partout dans le monde (y compris un nombre frappant d'athlètes)

s'écroulent avec un problème cardiaque... eh bien, cela 'n'a rien à voir' .....

* Il y a un nombre incroyable d'effets secondaires et de décès. (Plus que tous les autres vaccins 70+ en 30 ans combinés. Rien que dans l'UE, 30 000 décès dus au vaccin Covid ont été officiellement enregistrés, et 1,3 victime a subi des dommages permanents et graves à sa santé. Étant donné que, selon diverses études, le système officiel de surveillance des vaccinations de l'UE, EudraVigilance, ne contient historiquement que 6 % des chiffres réels, le nombre de décès dus aux vaccins dans l'UE est donc déjà largement supérieur à un demi-million en réalité).

Nous le faisons pour les soins - comment cela ?

Leur avenir est en train d'être gâché. Pour l'amour du ciel, réveillez-vous ! Et si vous avez peur vous-même, d'accord - mais rendez l'avenir à vos enfants !

Les amis, demain (= aujourd'hui), il y aura à nouveau ces histoires follement intellectuelles, bien orientées et fantastiquement bien fondées sur les raisons pour lesquelles les écoles doivent fermer, l'industrie hôtelière doit faire faillite, les PME doivent disparaître, tout cela "pour la santé publique". Mais regardez ça dans le ciel", en désignant le composé moléculaire de la "substance" dont la sécurité, le coût et le fonctionnement ont été démontrés.

5

Cela pourrait résoudre quelque chose, mais cela ne devrait pas, car alors les choses ne deviendront pas "meilleures" sur terre. Nous devrions vraiment "Bring Back Better" (/ variante de "Build Back Better"). Si quelqu'un le croit, il peut le dire. Moi, je ne le crois pas.

Table des matières

La guerre contre nos enfants ?

L'infirmière en chef slovène démissionne et montre aux journalistes que les flacons de vaccins contiennent des codes : 1 = placebo (pour les chiffres connus), 2 = l'injection d'ARNm, 3 = contient le gène ONC qui donnerait le cancer à tout le monde en 2 ans

Les temps anciens ont été ravivés et remodelés alors que des centaines de milliers de parents dans le monde entier sont prêts à sacrifier leurs propres enfants sur l'autel des variantes modernes de Baal et de Moloch. La guerre mondiale de Pfizer contre les enfants, qui sont utilisés comme des "boucliers" humains (soi-disant) en leur injectant des substances expérimentales potentiellement mortelles, a maintenant atteint Israël et le Canada, où des enfants de 5 ans seulement sont injectés.

Dans de nombreux pays, des millions d'Européens sont descendus dans la rue ces dernières semaines pour protester contre toutes les mesures du Covid, mais sans une volonté massive d'action, de telles manifestations n'ont aucun sens. Par action, nous n'entendons pas la violence bien sûr, mais simplement un refus total et ferme de coopérer avec toutes ces mesures d'apartheid qui violent les droits civils et humains, restreignent la liberté et nuisent à la santé.

Comme on le sait, je le réclame depuis l'année dernière. Je suis donc tout à fait d'accord avec le rédacteur en chef Brian Shilhavy (Health Impact News), qui écrit : "Je suis sûr que les tyrans mondialistes qui avancent à toute vapeur vers leur objectif de forcer la population mondiale à l'esclavage et de réduire leur nombre se moquent de vous, puisque de toute évidence aucun d'entre vous ne s'attaque à ces tyrans.

Personne ne fait rien pour sauver les enfants.

Alors que ces manifestations gagnent en nombre et en ampleur, des enfants sont maltraités et potentiellement assassinés dans les prisons, les écoles et les églises, poursuit-il. J'attends toujours que ces foules immenses quittent les rues et se rendent dans ces centres de mise à mort, qu'elles pourraient si facilement fermer avec un tel nombre de personnes. Mais tout ce que je vois, ce sont des vidéos de parents heureux qui maltraitent et tentent de tuer leurs propres enfants, soumis à un lavage de cerveau par un culte de la vaccination qui dévore leurs enfants. Et personne n'intervient pour les arrêter et sauver les enfants".

Si vous voulez savoir ce qui attend un nombre important (et peut-être même très important) de ces jeunes enfants, il suffit de regarder quelques exemples d'enfants et d'adolescents qui ont souffert de graves problèmes de santé ou sont morts après avoir reçu ces injections expérimentales de manipulation génétique. Leurs parents sont maintenant terriblement désolés, en partie parce que beaucoup se rendent compte qu'ils auraient pu et dû savoir :

Seuls les "anti-jabber" refusent de se sacrifier et de sacrifier leurs enfants.

Je suis moi-même un parent, et je considérerais toute aiguille qui s'approche de mon enfant, et aussi toute obligation de le faire, comme une tentative directe de meurtre, et je ferais donc tout ce qui est en mon pouvoir pour l'arrêter.

Mais apparemment, cela fait de moi une "mauviette" en 2021, et des grands prêtres comme Bill Gates, Anthony Fauci et le pape François se réjouissent de pouvoir sacrifier non seulement ma personne, mais aussi mon enfant sous le faux prétexte de la "santé publique" aux grandes entreprises pharmaceutiques comme Pfizer et Moderna, les Baals et Molochs de notre époque.

Qu'est-ce que c'est que cette fascination millénaire et indéracinable des gens, des peuples et des religions entières pour le sacrifice et le meurtre d'autres personnes et même de votre propre progéniture pour plaire aux soi-disant "dieux", afin que vous puissiez être "absous" et peut-être avoir une "meilleure vie" (dans ce cas, retrouver votre liberté) ?

Infirmière en chef slovène : les flacons de vaccins contiennent des codes

Que ces personnes s'injectent d'abord elles-mêmes, ainsi que leurs propres enfants et leur famille, avant d'exiger cela des autres (ce qui, soit dit en passant, ne devrait jamais être une option). Mais une partie indépendante doit pouvoir garantir que ces personnalités ne reçoivent pas secrètement une solution saline, comme cela s'est produit en 2009 lors de l'épidémie de grippe porcine en Allemagne et, selon une infirmière en chef (supposée) de Slovénie, à grande échelle dans ce pays (et donc probablement dans d'autres parties de l'Europe).

Cette infirmière en chef du centre médical universitaire de Ljubljana a démissionné et a déclaré à la caméra que les flacons de "vaccin" Covid-19 contiendraient trois codes. Les flacons dont le code se termine par un 1 contiennent un placebo, une solution saline, et sont destinés à des personnalités connues du monde politique, des médias, des affaires*, etc. Ils ne sont pas autorisés à tomber malade et à mourir, bien sûr, car cela effraierait les gens ordinaires.

Les flacons marqués d'un 2 contiennent le vaccin ARNm, et dans les flacons marqués d'un 3, on a mis le gène ONC qui stimule le développement du cancer. Selon l'infirmière en chef, toute personne ayant reçu le "numéro 3" développera un cancer dans les 2 ans. (2) (Nous avons attendu un certain temps avec cette histoire, car il y a très peu de sources directes disponibles, et aussi il ne peut pas être confirmé (encore) ce qui est dit exactement sur la vidéo).

12

(* Les employés de BioNTech, partenaire de Pfizer, ne se font de toute façon pas inoculer leur propre produit pour des "raisons de sécurité". Mais pour vous, c'est apparemment assez "sûr" pour vous l'imposer sous peine d'exclusion et autres sanctions...).

Alors dépêchez-vous de faire la queue pour votre piqûre de rappel, car qui ne veut pas de ça ?

Des problèmes de MRNA ?

Étude d'horreur suédoise : Les *protéines de pointe induites par les vaccins suppriment la réparation de l'ADN et peuvent provoquer une explosion des cancers et des maladies auto-immunes mortelles* - La **politique systémique et les médias grand public ne reconnaîtront jamais la vérité, mais les citoyens pourraient le faire lorsqu'ils commenceront à en subir les douloureuses conséquences de première main.**

Les politiciens du système en colère et les médias grand public peuvent crier tant qu'ils veulent et se boucher littéralement les oreilles, mais les "anti-vaccins" ont vu juste à maintes reprises avec leur soi-disant "pensée conspirationniste" depuis l'année dernière. L'une des théories les plus embarrassantes, qui semble devenir la dure vérité, est que les hôpitaux sont de plus en plus remplis de victimes de la vaccination, faussement qualifiées de "Covid". Aux Etats-Unis, même pour les plus grands adeptes du vax, il est désormais difficile de nier que la vague de malades qui inonde le système de santé est en grande majorité constituée de vaccinés, souffrant des conséquences graves de ces injections prédites par de nombreux scientifiques, comme des thromboses et des problèmes cardiaques et respiratoires.

Dans une année où il y a déjà tant de mystères, j'en ai un de plus à partager avec vous : dans toute l'Amérique, les urgences débordent, et personne ne semble pouvoir expliquer pourquoi", écrit le célèbre journaliste-analyste indépendant Michael Snyder ("The Economic Collapse"). Il souligne que le nombre de cas de Covid aux États-Unis représente moins de la moitié de ce qu'il était il y a un an. On pourrait alors penser que le nombre de personnes infectées par le virus a diminué et que les urgences se vident. Mais c'est le contraire qui se produit. Dans de nombreux hôpitaux, les urgences sont tellement pleines que les patients gravement malades doivent être soignés dans les couloirs.

Par exemple, le site d'informations médicales primé KHN titre "Les urgences sont inondées de patients gravement malades, bien que beaucoup n'aient pas de Covid". L'exemple donné est celui de l'hôpital Sparrow à Lansing, où le personnel peut à peine gérer l'énorme flux de patients, et où les 72 urgences sont toutes pleines à craquer.

Les patients sont également "beaucoup plus malades qu'ils ne l'ont jamais été". La plupart sont traités pour des caillots sanguins (thrombose), des maladies cardiaques, des problèmes respiratoires et des douleurs abdominales. En tant que média officiel, KHN n'est pas autorisé à mentionner les vaccinations sans courir le risque d'être fermé immédiatement. On suppose donc qu'il s'agit de personnes qui auraient dû recevoir un traitement médical des mois plus tôt, mais qui ont été retardées par les mesures de confinement.

Pourquoi tant de jeunes gens ont-ils des problèmes de cœur ?

C'est certainement une cause plausible, mais elle ne peut pas expliquer entièrement l'énorme afflux soudain. En témoignent également plusieurs cas tragiques qui ont défrayé la chronique, comme celui d'un responsable de football d'une école secondaire de Pennsylvanie, qui a fêté le championnat de son équipe samedi dernier. Dans la soirée, il a été victime d'une crise cardiaque fatale. Dans le même État, un garçon de 12 ans est soudainement tombé raide mort alors qu'il s'échauffait pour un entraînement de basket. Diagnostic : problème fatal avec son artère cardiaque.

Un cas en Europe qui ne pouvait pas être caché : Sergio Aguero, 33 ans, célèbre attaquant du FC Barcelone, s'est soudainement écroulé au sol avec une arythmie cardiaque pendant un match. Deux jours plus tard, un match de football en Norvège a dû être arrêté après qu'un footballeur de 28 ans a fait un arrêt cardiaque. Au début de l'année, les images d'un footballeur danois, Christian Eriksen, s'écroulant au sol en raison de problèmes cardiaques, ont fait le tour du monde pendant le championnat d'Europe.

Il y a toujours eu des personnes qui meurent de façon inattendue à cause de problèmes cardiaques non découverts, mais on commence à remarquer que cette année, il y a beaucoup de jeunes parmi eux, ce qui n'est certainement pas normal. Et trois footballeurs en

l'espace de quelques mois ? (Et encore, il ne s'agit là
que des cas qui ont été médiatisés).

"La preuve que le vaccin fonctionne...

Comme d'habitude, Snyder termine par une question : "
Pourquoi tant de jeunes ont-ils soudain des problèmes
de cœur ? Quelqu'un peut-il me l'expliquer ?

Les réacteurs de Zero Hedge n'ont pas de doutes de leur
côté. Merveilleux comme l'auteur pose des questions
dont tout le monde connaît la réponse, mais ne le dit
pas à voix haute. C'est à cause de ce satané vaccin, mais
ils ne l'admettront jamais, même dans les médias
établis. Combien de temps faudra-t-il avant qu'une
armée de progressistes (lett. 'Karens') ne se rende
compte qu'on leur a donné une maladie cardiaque à vie,
ou pire, qu'ils meurent, parce qu'on leur a menti?'.

Oh, vous êtes en train de mourir ? Cela montre que le
vaccin fonctionne vraiment", écrit quelqu'un avec
cynisme. Un autre : "Voyez le bon côté des choses : si
vous êtes en bonne santé et que vous mourez d'un arrêt
cardiaque à 28 ans, au moins vous n'êtes pas mort à
cause du Covid". Nombreux sont ceux qui connaissent
maintenant la réaction prévisible des services de santé,
de la politique et des médias : les injections sacrées ne
peuvent et ne doivent jamais être à blâmer, alors le
Covid ou une variante le sera - tout comme nous
l'avions prédit l'année dernière :

17

J'ai entendu hier une amie dire que leur mère, une infirmière, était entièrement vaccinée et qu'elle est pourtant morte à cause du Covid. "Halloween ne se terminera pas cette année... ça ne fait que commencer.

"Bientôt, il faudra un vaccin pour les vaccinés. - "Ce n'est pas le rappel ?" "Chaque rappel est un clou à votre.... - "Ne vous inquiétez pas, il y a plein de cercueils prêts dans les camps.

Pas une Covid, mais une pandémie d'ARNm".

Nous n'avons pas de Covid, nous avons une pandémie d'ARNm. - Oui, les vaccins expérimentaux à ADN ont des conséquences.

Les médias grand public ont raison (quand ils disent que ce n'est pas à cause des vaccins), car ces injections ne sont en aucun cas des vaccins. Ce sont des substances hostiles non testées" (injections de thérapie génique).

Un commentateur a résumé succinctement les mensonges éhontés de la politique et des médias occidentaux : 'Cela n'a RIEN à voir avec le vaccin !... Le virus provient d'un marché aux poissons de Wuhan. L'Ivermectin et le HCQ sont dangereux. Il y a une pandémie de personnes non vaccinées"... Et ensuite ils se demandent encore pourquoi nous ne croyons plus le gouvernement et les informations.

Une étude d'horreur : Les pics provoquent des cancers et une explosion auto-immune

Pendant ce temps, les études scientifiques continuent d'affluer, constatant et discutant les conséquences très graves de ces injections de manipulation génétique présentées comme des "vaccins". Dans Viruses 2021 (qui fait partie de MDPI), une étude suédoise a été publiée sur la protéine Spike du virus (supposé) SRAS-CoV-2, dont on a constaté qu'elle bloque jusqu'à 90 % la réparation de l'ADN endommagé dans les cellules du corps humain, "détruisant" littéralement l'intégrité génétique et menaçant, en partie à cause de cela, de provoquer une explosion de cancers et toutes sortes de maladies auto-immunes graves et souvent mortelles.

Au cas où certains diraient : mais il s'agit de la protéine spike du virus - c'est exactement cette protéine spike que les vaccins Covid-19 codent pour le corps humain. Les scientifiques avertissent depuis plus d'un an que les "vaccins" sont des modifications génétiques et permettent à votre propre corps de créer précisément la particule la plus dangereuse et pathogène du virus. *

Le Dr Thomas Levy réitère sur Orthomolecular.org le fait avéré que les "vaccins" ne restent pas sur le lieu de la vaccination, comme on l'a prétendu pendant des mois, mais semblent se répandre dans tout le corps. Il existe également de plus en plus de preuves que le corps n'arrête pas de fabriquer ces protéines de pointe. Outre la formation de caillots sanguins (thrombose) - déjà

19

identifiée en Allemagne et au Canada chez 40 à 62 % des patients vaccinés par le médecin généraliste interrogés - ces pics peuvent également se lier aux récepteurs ACE2 sans pénétrer dans la cellule, ce qui peut déclencher des réactions auto-immunes.

Le système immunitaire des vaxxers se dégrade-t-il lentement ?

En résumé, les vaccins à ARNm Covid-19 semblent détruire progressivement le système immunitaire des personnes vaccinées, très rapidement chez certaines, plus lentement chez d'autres. Les vaxxers ne peuvent qu'espérer qu'à un moment donné, ce processus s'arrêtera de lui-même - une hypothèse très incertaine qui, de toute façon, peut être immédiatement abandonnée si l'on fait des injections de rappel qui, selon les analystes, sont 10 fois plus puissantes que les deux premières injections.

Certaines estimations suggèrent que 50 % des personnes auxquelles on a injecté des vaccins à ARNm sont mortes dans les cinq ans", affirme Mike Adams (Natural News). Nous avons maintenant une meilleure compréhension des mécanismes par lesquels ces décès fatals dus aux vaccins peuvent se produire. (2) (Quelle belle initiative que de commencer à injecter ce vaccin aux jeunes enfants maintenant, alors qu'officiellement on ne saura pas avant 5 ans si c'est sans danger).

Perdre des jambes ?

Le nombre de décès officiels dus aux vaccins dans l'UE dépasse les 31 000 *(= 6 % du nombre réel selon une étude indépendante)* - **Un sénateur canadien pro-vaccins est "protégé" jusqu'à la mort.**

Le nombre de victimes officiellement enregistrées dans l'UE à la suite des "vaccinations" Covid s'élève à 31 014 décès et à 2 890 600 personnes ayant subi des dommages pour la santé, dont 1 355 192 sont graves et/ou permanents (1). Et tout cela pour une soi-disant injection contre un virus dont il est maintenant ouvertement reconnu qu'il ne prévient ni l'"infection" ni la "propagation", et dont la dernière affirmation, à savoir qu'il vous protégerait de maladies graves, a certainement été totalement démentie ces derniers temps par de nombreuses données réelles confirmées par des médecins. C'est tout le contraire qui se produit, comme peuvent le confirmer ces personnes, dont les jambes ont dû être amputées en raison d'une thrombose due à leurs injections de Covid.

Les médias grand public continuent de mentir comme des arracheurs de dents avec leurs effets secondaires "isolés" et "rares". Les statistiques officielles montrent aussi exactement le contraire : les injections de Covid causent déjà plus de décès et de maladies que tous les autres vaccins (70+) réunis en 30 ans. Les plus de 31 000 décès et 1,35 million d'Européens souffrant de dommages graves (/ permanents) à la santé tels que des maladies auto-immunes, des handicaps et la cécité/surdité, selon des études indépendantes, ne représentent que 6 % du nombre réel (et seulement 1 % aux États-Unis).

Un ancien champion du monde de taekwondo perd une jambe

La thrombose est l'un des effets secondaires identifiés les plus courants, qui peut causer des dommages énormes, souvent irréversibles et mortels, au cours des semaines, des mois, voire des années. Prenons l'exemple de Dave Mears, l'ancien champion du monde de taekwondo (1984). Un mois seulement après avoir reçu l'injection du "vaccin" d'AstraZeneca, qui, soit dit en passant, a immédiatement provoqué chez lui une forte fièvre et des symptômes grippaux, sa jambe gauche a "explosé" en raison d'une infection très grave.

Les médecins n'ont eu d'autre choix que d'amputer sa jambe au-dessus du genou. Il y avait du sang partout", a raconté Mears. C'était horrible. On m'a opéré et on m'a amputé la jambe. J'ai perdu cinq unités de sang. C'était très grave, et après ça, ça a été très mauvais pour moi".

J'étais en bonne santé.

La Brésilienne Cicera Santos, 39 ans, a également perdu sa jambe gauche une semaine seulement après avoir reçu le "vaccin" de Pfizer. Quatre jours après sa piqûre, le 25 août, elle a souffert d'une thrombose grave irréparable. J'étais en bonne santé et je n'avais jamais eu de problèmes de circulation sanguine", a déclaré cette mère de deux jeunes enfants.

Il a perdu deux jambes et une main et demie

Au début de l'année, Jummai Nache, 47 ans, assistante médicale à Minneapolis, a fait parler d'elle. Elle a reçu une deuxième injection de Pfizer dès le 1er février, et a immédiatement ressenti des douleurs thoraciques. Le 13 février, son corps entier était rempli de caillots sanguins, ce qui a nécessité l'amputation de ses deux jambes, de sa main gauche et d'une partie des doigts de sa main droite pour l'empêcher de mourir.

Cela a été très dur pour moi", a répondu son mari Philip. Mais je ne peux pas imaginer l'horrible douleur mentale, physique et émotionnelle que ma femme traverse en ce moment".

Le couple nigérian réclame justice, mais vous l'avez deviné : le CDC affirme que le lien avec le vaccin "ne peut être prouvé".

Ma jambe est devenue blanche, bleue et noire.

Goran, 50 ans, ouvrier du bâtiment à Vienne, a ressenti de fortes douleurs à la jambe après la première injection d'AstraZeneca. Il a également craché du sang une ou deux fois par jour. Je n'ai jamais eu aussi mal de toute ma vie. Ma jambe était blanche, bleue et noire".

23

Après environ trois semaines, sa femme a appelé une ambulance. En une semaine, il a subi trois interventions chirurgicales et a été placé dans un coma artificiel. À son réveil, on lui a dit qu'on avait dû lui retirer la partie inférieure de sa jambe droite. Je n'oublierai jamais pour le reste de ma vie la douleur que j'ai ressentie à mon réveil.

Jambe en l'air, "mais ne laissez pas cela vous empêcher de tirer".

Autre victime d'AstraZeneca dont on a déjà parlé : Alex Mitchell, un Écossais de 56 ans. Deux semaines seulement après son injection, il est tombé par terre chez lui en raison de caillots sanguins dans les jambes et le bas-ventre. Son cas a fait le tour du monde car jamais auparavant une personne atteinte d'une thrombose aussi grave n'avait survécu.

Mitchell s'est également distingué parce qu'il est resté positif sur les "vaccins". Je ne voudrais pas décourager les gens de se faire vacciner... D'après ce que j'ai compris, c'est rare et ça n'arrive qu'à une ou deux personnes. En réalité, il s'est avéré n'être que l'une des premières victimes d'une liste énorme qui ne cesse de s'allonger.

L'Australien Harold Molle a également reçu une injection d'AZ. Trois jours après sa deuxième injection, il a ressenti des "douleurs terribles", et sa jambe gauche a dû être partiellement retirée en raison de caillots sanguins. Maintenant, je vais avoir une jambe artificielle et je devrai me déplacer en fauteuil roulant".

Comme Mitchell, il a refusé de rejeter le "vaccin". Il m'a sauvé parce qu'on m'a donné du Covid à l'hôpital. Ils ont dit que j'aurais probablement été très malade si je n'avais pas été vacciné". En bref : un exemple classique de personne encore en phase de déni, mentalement désespérée de trouver une raison pour laquelle cela lui est arrivé.

20 ans et en bonne santé : *amputation, hémorragie cérébrale, décès*

L'étudiante thaïlandaise Ketsiri Kongkaew, 20 ans, auparavant en bonne santé, est un autre triste exemple. Elle aussi a reçu une injection d'AZ ; elle aussi a immédiatement eu une forte fièvre et des symptômes de grippe ; elle aussi a dû être amputée d'une jambe quelques semaines plus tard parce que ses veines étaient bloquées par des caillots sanguins.

Au début, elle semblait se remettre de son opération et on lui a donné des anticoagulants. Ceux-ci ont provoqué une hémorragie cérébrale deux mois plus tard, dont elle est morte quelques jours plus tard.

Acteur mexicain bien connu et sénateur américain

L'acteur mexicain Juan Pablo Medina ("La Casa de las Flores"), très connu dans son pays, doit lui aussi vivre avec une jambe (peut-être lui a-t-on administré par erreur le véritable "vaccin" au lieu d'un placebo réservé aux personnes célèbres). Le 3 août, il a dû être amputé en raison d'une thrombose grave, dont il serait mort autrement.

L'acteur de 44 ans a ensuite sombré dans une profonde dépression. Selon sa femme, il est toujours en convalescence et prévoit de faire une déclaration publique lorsqu'il se sentira capable de le faire.

La sénatrice de Rhode Island Jeanine Calkin a également eu cette "malchance", ou alors elle n'était tout simplement pas assez importante ou connue. Peu après son injection de Covid-19, elle a souffert de caillots sanguins et a dû se faire retirer la jambe droite. Elle a ensuite publié une déclaration inventée selon laquelle "il n'y a aucune raison de croire que les caillots sanguins étaient liés au vaccin Covid-19".

Un sénateur canadien pro-vaccins "protégé" jusqu'à la mort

Josée Forest-Niesing, une éminente sénatrice canadienne pro-vaccins, n'a pas perdu une jambe, mais elle a perdu la vie. Cette femme de 56 ans a contracté une maladie auto-immune dans ses poumons. Après sa deuxième injection, elle est tombée malade et a dû être hospitalisée. Un mois plus tard, elle a été autorisée à

rentrer chez elle, mais son état a continué à empirer.
Une semaine plus tard, elle est décédée.

Le bureau de Mme Forest-Niesing a publié une
déclaration en son nom qui réitère néanmoins
"l'importance" de la vaccination. "Elle était convaincue
que son combat aurait pris une tournure très différente
si elle n'avait pas eu cette protection.

**Une "protection" qui conduit à une maladie grave et à
votre mort ?**

Non merci, je préfère rester en bonne santé sans
protection.

Si d'autres personnes trouvent cela égoïste - très bien,
vous êtes totalement libre de risquer votre propre vie et
votre santé. Votre corps, votre choix.

Mais j'aime aussi garder le libre choix de mon propre
corps, et je continuerai à œuvrer pour que ce droit
humain inaliénable ne soit pas davantage violé qu'il ne
l'est déjà. Vouloir retirer ce droit à tant de personnes
est, à mon avis, égoïste, même au superlatif.

La variole n'avait-elle pas été éradiquée en 1980 ? Alors pourquoi les États-Unis ont-ils récemment acheté pour des millions de dollars de médicaments contre la variole ?

Ou bien les rapports faisant état de mystérieux flacons de variole et de médicaments et vaccins obtenus visent-ils simplement à maintenir la population dans un état de peur permanent ?

Le milliardaire eugéniste Bill Gates a annoncé l'an dernier avec un sourire en coin que "si la première pandémie ne vous a pas convaincu" (de vous laisser injecter des "vaccins" avec des manipulations génétiques), alors la deuxième le fera. Il y a quelques mois, il a suggéré que la prochaine pandémie pourrait concerner le virus de Marburg, mais peu de temps après, il a changé cela pour un retour de la redoutable variole. Selon Natural News, l'administration américaine de Biden est maintenant prête à attaquer l'ensemble de la population mondiale avec cette arme biologique "ange de la mort". En fait, en septembre, le gouvernement a acheté pour des millions de dollars de médicaments spéciaux contre la variole.

Il y a huit ans déjà, le gouvernement fédéral stockait de grandes quantités de vaccins contre la variole. Aujourd'hui, tout à coup, d'étranges rapports sur la "variole" sont apparus récemment dans les médias grand public. Un employé d'un laboratoire de Philadelphie - appartenant au géant pharmaceutique Merck - aurait trouvé par hasard 15 flacons de médicaments contenant le virus de la variole dans un réfrigérateur.

Puis Bill Gates a lancé un avertissement selon lequel des "terroristes" (se regardait-il dans un miroir à ce moment-là ?) prévoient de libérer une arme biologique contre la variole, et que les gouvernements devraient donc dépenser des milliards (en "vaccins", bien sûr) pour prévenir les "futures pandémies".

La variole aurait été éradiquée en 1980. Alors pourquoi l'administration Biden a t'elle claqué le médicament TOPXX, développé pour traiter la variole, pour 112,5 millions de dollars en septembre ?

Que se passe-t-il si un bioterroriste libère la variole dans 10 aéroports ?

Le 7 novembre, les médias ont annoncé que Bill Gates avait ordonné à l'Occident d'investir des dizaines de milliards dans les préparatifs (ou "Germ Games") de la prochaine p(l)andémie.

Que se passe-t-il si un bioterroriste libère la variole dans 10 aéroports ? En posant cette question lors de la récente interview de Policy Exchange, Gates tente ouvertement d'instiller de nouvelles peurs afin non seulement de soutirer des milliards supplémentaires

29

pour "vacciner" encore et encore l'ensemble de la population mondiale, mais aussi comme un argument supplémentaire pour confier encore plus de pouvoir aux Nations unies et à la Task Force spéciale pandémie de l'OMS (et donc à lui).

Ces "germ-games" dont parle Gates ressemblent à des exercices sous faux drapeau visant à libérer des "germes" (agents pathogènes) sur le monde, et ils arrivent à un moment où nous savons que les mondialistes, dans leur esprit malade, trouvent nécessaire d'éliminer une grande partie de la population mondiale", conclut All News Pipeline.

Prochaine pandémie : éradiquée ou un patch de vaccin dans le bras

Ainsi, après que l'"exercice" de pandémie Event201 (en octobre 2019) avec l'apparition d'un coronavirus soit devenu une réalité à peine 3 mois plus tard, la prochaine pandémie prévue - qu'elle soit due à la variole, à un virus de Marburg modifié ou à un autre "tueur" (qu'il existe réellement ou non) - pourrait bientôt "devenir virale" dans le monde entier.

Ou bien les rapports faisant état de mystérieux flacons de variole et de médicaments et vaccins procurés ont-ils pour seul but de maintenir la population dans un état de peur permanent ? Une autre explication tout aussi plausible est que les gouvernements devraient être en mesure d'identifier une sorte de virus "false flag" une fois que des millions de personnes seront gravement malades et/ou mourront des suites des injections de Covid, une évolution extrêmement effrayante mais prédite par de nombreux experts qui a maintenant commencé.

Les survivants de la prochaine pandémie devraient, si cela convient à Gates (et donc à l'OMS = le vrai gouvernement), tous recevoir un "patch de vaccination" dans le bras, ce qui pourrait bien être l'achèvement du "signe de la Bête" prédit et piqué, auquel tous les vaccinés s'intègrent progressivement.

Une maladie cardiaque ?

Il a été démontré que les patients cardiaques qui ont été "vaccinés" courent un risque plus que double de contracter une maladie cardiaque dangereuse.
-

Le **scientifique médical britannique le plus cité :** *"Tout médecin ou infirmier qui fera encore une piqûre d'ARNm Covid après aujourd'hui sera radié du registre et arrêté en temps voulu"* - **"Je ne comprends plus rien. TOUT s'écroule".**

L'American Heart Association (Association américaine du cœur) a publié dans sa revue médicale de référence Circulation un résumé des données sur lesquelles le Dr Vernon Coleman, médecin britannique le plus connu et auteur de best-sellers, qui a été pendant de nombreuses années jusqu'en 2020 un médecin britannique célèbre dans les médias et souvent sollicité, conclut : "Enfin ! La preuve médicale que la piqûre de Covid est un 'meurtre'. Pendant ce temps, les rapports affluent de l'intérieur et de l'étranger sur un nombre énorme de maladies et de décès dus aux vaccins. La grande mort a commencé", ai-je lu dans un message sur Twitter il y a quelques jours, en réponse à des cellules froides de pompes funèbres et de crématoriums remplies de personnes décédées.

La Fondation du cœur aux États-Unis a constaté un "changement spectaculaire du score PULS" chez la plupart des 566 patients suivis (âgés de 28 à 97 ans) à la suite des injections de Pfizer et Moderna. Le score PULS comprend plusieurs indicateurs tels que la présence de biomarqueurs protéiques (santé et maladie du cœur) et de cellules T (cellules immunitaires).

Toutes les valeurs clés se sont avérées avoir augmenté bien au-delà de la norme. En conséquence, le risque à 5 ans de développer un nouveau syndrome coronarien aigu est passé de 11 à 25 %, soit plus du double. Au moment de l'étude, les changements inquiétants semblaient se poursuivre pendant au moins 2,5 mois après la dernière injection.

Conclusion : augmentation considérable du risque de maladies cardiaques graves.

Nous concluons que l'ARNm vacs augmente considérablement l'inflammation de l'endothélium et l'infiltration des cellules T dans le muscle cardiaque, et peut également expliquer la thrombose et la cardiomyopathie (maladie du muscle cardiaque) observées", conclut la Fondation du cœur.

C'est le moment où l'expérience de piqûre expérimentale de Covid doit s'arrêter", conclut le Dr Vernon Coleman. Aujourd'hui. Je pense que tout médecin ou infirmière qui fera encore une piqûre d'ARNm Covid après aujourd'hui sera en temps voulu radié du registre et arrêté".

La revue Circulation, qui a 71 ans, est une publication très respectée. Ses articles font l'objet d'un examen par les pairs et, dans une étude, elle a été qualifiée de principale revue mondiale sur le cœur et le système cardiovasculaire.

C'est la fin des injections de Covid.

M. Coleman qualifie la conclusion de la Fondation du cœur de "glas pour les injections d'ARNm Covid-19". L'endothélium est une couche cellulaire qui entoure les vaisseaux sanguins et les cellules lymphatiques. Les cellules T sont un type de globules blancs. Nous avons toujours su que ces ponctions étaient expérimentales. Dans ma vidéo de décembre 2020, j'ai mis en garde contre ces risques particuliers... Mais maintenant, nous en avons la preuve".

Rappelons que l'on sait que la piqûre d'ARNm n'empêche pas les gens de contracter le Covid, ni de le propager. Je pense que plus personne ne contredit ces faits. Dans le même temps, il y a eu un nombre énorme de décès et de blessures graves parmi les personnes qui ont reçu des injections, il suffit de consulter mon article "Mise à jour : combien de personnes les vaccins tuent-ils ?".

Nous avons maintenant la preuve qu'il faut arrêter les programmes de vaccination. Immédiatement, du moins jusqu'à ce que des tests à plus long terme aient été effectués. S'il restait des journalistes dans les grands médias, ce serait la nouvelle principale dans tous les programmes de télévision et de radio, et à la une de tous les journaux.

Si les piqûres continuent, nous sommes sûrs qu'il s'agit d'une éclaircie.

Cela fait un an que je dis que cette piqûre est une expérience qui va certainement tuer et blesser des gens. Nous avons également toujours su qu'expérimenter sur des personnes sans leur plein consentement et sans qu'elles le sachent, c'est-à-dire en leur révélant tous les risques et les effets secondaires possibles, est un crime* (* Selon toutes les conventions existantes en matière de droits de l'homme. C'est exactement le contraire qui s'est produit et qui se produit encore. On continue à répandre le mensonge selon lequel ces injections sont "sûres", et ce alors qu'officiellement il y a déjà eu quelque 30 000 décès dus au vaccin Covid dans l'UE et que 1,3 million d'Européens ont subi des dommages graves/permanents à leur santé).

Si l'expérience Covid se poursuit après aujourd'hui, nous serons absolument certains qu'il ne s'agit pas d'un traitement médical, mais d'un abattage" (terme utilisé pour réduire un troupeau d'animaux. Vous pouvez donc également écrire "meurtre de masse", "génocide", "dépeuplement" ou "attaque terroriste biomédicale").

À l'échelle mondiale, le massacre des vaccins prédit par de nombreux scientifiques et autres experts ignorés par les gouvernements semble maintenant prendre de l'ampleur. Un message Twitter correspond à plusieurs messages reçus de nos contacts confirmant que les pompes funèbres et les crématoriums de l'Ouest connaissent actuellement une affluence sans précédent et que les chambres froides sont parfois surchargées, ce qui entraîne de longues attentes (et des coûts élevés).

Incompréhensible - TOUT tombe en panne".

Incompréhensible", écrit le professeur d'immunologie expérimentale Pierre Capel sous sa rubrique vidéo. Derrière lui, l'image révélatrice d'un navire brisé en deux. Je n'y comprends plus rien", soupire-t-il. Tout le monde est déjà vacciné, seuls quelques "nuls" ne le sont pas encore. Mais qu'est-ce que nous voyons ? Demain, nous aurons à nouveau un et demi. Tous les idiots sont de nouveau à l'œuvre. TOUT va s'écrouler, mais il n'y a pas, il n'y a pas de terrain pour ça".

Il fait référence à une citation d'Albert Einstein : Définition de la folie : continuer à faire la même chose encore et encore et s'attendre à un résultat différent. Tout le monde a été piqué maintenant, et si vous savez VRAIMENT ce que ce soi-disant vaccin fait - c'est terrible. C'est pourquoi c'est beaucoup plus difficile aujourd'hui que l'année dernière".

La saison prochaine, en février-mars, l'ours devient vraiment sauvage. Puis il montre une vidéo du Dr Ryan Cole, pathologiste respecté, qui " sait de quoi il parle. Je le sais aussi, et beaucoup d'autres le savent aussi".

Cole : "En laboratoire, nous constatons chez les personnes vaccinées une quantité inquiétante de cellules T tueuses essentielles supprimées, dont on a tant besoin. C'est presque comme un VIH inversé. Les personnes atteintes du VIH perdent leurs cellules CD4 ("auxiliaires"), mais après la vaccination, nous constatons une diminution du nombre de cellules T tueuses, les cellules CD8. Et que font-elles ? Ils gardent tous les autres virus en échec.

Ces injections affaiblissent littéralement le système immunitaire.

Au laboratoire, je constate une augmentation des différents virus de l'herpès. Je vois l'herpès, le zona, la maladie de Pfeiffer, une augmentation considérable du virus HPV dans les biopsies cervicales et les frottis. Chez les enfants, nous voyons des verrues d'eau (molluscum contagiosum). Vous avez besoin de cellules CD-8 pour les contrôler. Je vois 20 fois plus de cas de verrues d'eau chez les personnes dans la cinquantaine. Ces verrues sont inoffensives, mais elles me renseignent sur le système immunitaire des personnes qui ont été vaccinées".

Nous affaiblissons littéralement le système immunitaire de ces personnes. Le plus inquiétant, c'est le modèle de cellules immunitaires dans le corps qui maintient le cancer à distance. Depuis le 1er janvier 2021, je vois jusqu'à 20 fois plus de cas de cancer de l'utérus que dans une année moyenne. VINGT fois plus, je n'exagère absolument pas. Par rapport aux chiffres des années précédentes, je n'ai jamais vu autant de cas de cancer de l'utérus.''

Je vois de jeunes patients atteints de mélanomes invasifs. Normalement, nous les attrapons rapidement et ils sont encore minces, mais je constate une forte augmentation du nombre de mélanomes épais au cours des deux derniers mois. Je vois les premiers signes sur le mur. Nous modifions leur système immunitaire pour l'affaiblir. Une grande étude allemande sur des jeunes vaccinés avec Pfizer le montre. On ne sait pas pour combien de temps. Peut-être que le système immunitaire va se rétablir*. Mais qui étudie cela, et qu'en est-il des tests à long terme ? Combien de temps cela va-t-il durer ? Deux mois, quatre mois... nous ne savons pas".

(* Dans une chronique vidéo antérieure, Pierre Capel a montré que les injections provoquent un très grand nombre de modifications génétiques. Les chances que le système immunitaire et l'organisme s'en remettent spontanément sont nulles).

Plus de place pour la nuance

C'est incompréhensible", répète donc Capel. Les leucémies sont réactivées. Les infections par l'hépatite C sont réactivées. Les gens ont toutes sortes de problèmes et ainsi de suite. Mais 'c'est pour la santé publique'...

J'essaie de parler de façon nuancée et calme de temps en temps, mais je ne peux plus le faire. Puis, à sa manière caractéristique, mais avec un ton nettement plus amer, il conclut : "Demain, recommencez à être à un mètre et demi de distance - ça aide tellement....".

Un drame insondable se déroule

Les pansements et les appels à rester "positif" sont sympathiques, mais ne servent plus à rien. Les dégâts sont déjà trop importants, les crimes contre l'humanité commis au nom de la "santé publique" sont trop atroces, et ce qui semble encore être entrepris contre nous sera si choquant qu'il éclipsera complètement toutes les tragédies précédentes des plus de 100 dernières années si les gens ordinaires ne disent pas immédiatement NON en masse.

Le fait est que nous sommes en 1940. Le gouvernement et la Chambre des représentants ont continué à insister jusqu'à la fin que nous n'avons rien à craindre. Or, Rotterdam vient d'être bombardée, mais cette fois non pas par la Luftwaffe allemande, mais par notre propre armée de l'air, sur ordre de notre propre gouvernement. Et non seulement de nouvelles "bombes" sont lancées sur Rotterdam, mais aussi sur tout le pays.

En 2020-2021, ce n'est pas une puissance étrangère qui nous attaque par la force militaire, mais notre propre gouvernement et notre parlement qui se sont retournés contre nous par une sorte de coup d'État "légal" mou, et qui mettent en œuvre le programme de vaccination climatique "Great Reset" / Agenda-2030 d'un puissant club de riches et de puissants composé de Big Pharma, Big Tech, Big Bank et Big Government eugénistes.

Vous pouvez continuer à trouver cela exagéré et faire l'autruche, mais cela n'arrêtera pas une seconde le drame insondable qui se déroule actuellement et ne le rendra pas moins grave - à moins que nos gouvernants ne parviennent à trouver un reste de conscience, d'empathie et de courage quelque part en eux. Osons-nous compter sur cela ? Ou bien agissons-nous (de manière non violente !) pour sauver quelque chose de notre pays, de notre peuple, de notre santé et de notre avenir, avant que les gouvernements ne portent le coup de grâce d'une main de fer ?

Le plan Omicron

Université de Columbia : *"Comme c'est étrange, l'Afrique (moins de 6 % de vaccins injectés) ne dispose pas des vaccins et des ressources nécessaires comme l'Europe et les États-Unis, et pourtant elle s'en sort mieux".*

Afrique du Sud : *"Omicron est une tempête dans un verre d'eau ; seulement des cas très, très légers".*

Un nouveau cycle de propagande de mort avec une soi-disant mutation coronale a commencé pour compléter le coup de force de la "Grande Réinitialisation" vers une dictature climatique-vaccinale tyrannique de l'Agenda 2030. Alors que de plus en plus de gens commencent à prendre conscience qu'ils sont trompés et qu'on leur ment par une propagande médiatique incessante, et qu'en réalité leur santé et leur sécurité ne sont pas du tout en cause, il est clair que les pouvoirs mondialistes ont commencé à donner une série de coups de massue qui devraient nous enfoncer pour de bon. La seule véritable pandémie, à savoir la pandémie de peur et de tromperie, a reçu depuis quelques jours un nouveau carburant avec la supposée mutation Omicron. Mais quelle est la crédibilité de cette mutation, maintenant qu'il s'avère qu'Israël effectuait déjà une simulation avec cette mutation deux semaines avant la "découverte" ?

Pfizer et les responsables israéliens ont tous deux reconnu il y a quelque temps que l'État juif était un grand laboratoire d'essai. Ainsi, les Israéliens doivent maintenant se faire injecter la piqûre de rappel n° 4 s'ils veulent que leur pass vax reste valide et ne soit pas frappé par les mêmes mesures d'apartheid fasciste par lesquelles les non-vaccinés ont été partiellement mis au ban de la société.

Pandémie "vaincue" ?

D'ailleurs, le plan 4 ne semble pas fonctionner non plus, et on parle déjà du plan 5. Néanmoins, le Premier ministre Naftali Bennett a affirmé qu'Israël a réussi à contenir la variante Delta sans verrouillage, "et la pandémie peut être surmontée".

Vaincu ? Le célèbre journal grand public Jerusalem Post a récemment rapporté que, le 11 novembre, le gouvernement a procédé à une simulation de l'apparition d'une soi-disant nouvelle variante mortelle, qui a été appelée "Omega" au cours de cet exercice virtuel. Le journal a littéralement parlé de "la prochaine vague de la pandémie". En bref : c'était déjà connu à l'époque, déjà certain - déjà planifié.

Le Premier ministre Naftali Bennett a parlé d'un 'événement sans précédent, non seulement à l'échelle israélienne, mais aussi à l'échelle mondiale. Nous menons un exercice de 'jeu de guerre' pour nous préparer à une nouvelle variante qui n'existe même pas encore. Cet "exercice Omega" était donc littéralement appelé "jeu de guerre". Il s'agissait d'une simulation dans laquelle aucun élément physique (personnel de santé, personnel militaire, équipement, etc.) n'était déployé, mais où l'on pratiquait des "hospitalisations massives et des fermetures d'écoles".

L'Afrique n'est "mystérieusement" pas touchée par Covid

Même l'agence de presse AP a écrit cette semaine qu'il se passait "quelque chose de mystérieux" en Afrique que les scientifiques n'oseraient pas comprendre : L'Afrique n'a pas les vaccins et les ressources nécessaires pour lutter contre le Covid-19, comme c'est le cas en Europe et aux États-Unis, mais d'une manière ou d'une autre, elle semble s'en sortir mieux ", a déclaré le président de la section santé mondiale de l'université Columbia. De toutes les prédictions apocalyptiques de l'OMS (Bill Gates) selon lesquelles l'Afrique deviendrait un grand champ de bataille contre le Covid, rien ne s'est réalisé, bien au contraire.

La nouvelle phase de la pandémie "devait" donc, bien entendu, commencer en Afrique, qui a à la fois le taux de vaccination le plus bas (moins de 6 %) et le nombre de victimes le plus faible. Cela met à mal le faux récit selon lequel des mesures extrêmes, telles que le confinement, les protège-dents et la distanciation sociale, peuvent être utilisées pour "maîtriser le corona".

De nombreuses études scientifiques et de la vie réelle ont clairement démontré que ces mesures n'ont aucun effet positif, mais sont en fait très nuisibles pour la société, l'économie et la santé publique. Cependant, ces études ont été et sont toujours ignorées.

Une tempête dans un verre d'eau

En Afrique même, les gens ne s'inquiètent pas d'Omicron. Le Dr Angelique Coetzee, de l'institut sud-africain Jaap van Dissel, qualifie la panique de "tempête dans un verre d'eau", affirmant que seuls des "cas très, très légers" de la variante ont été détectés jusqu'à présent.

Le ministre de la santé, Joe Phaala, a également déclaré que les médias grand public en font beaucoup plus que la réalité. Même la mégabanque Goldman Sachs, célèbre "calmar vampire", pense qu'il est "peu probable que cette mutation soit plus maligne" et ne voit aucune raison d'agir.

Les bêtises attendues des médias

Un "guide" de toutes les inepties que les médias et les politiciens occidentaux vont essayer de nous vendre dans les semaines à venir a déjà été publié sur Off-Guardian.org : L'Omicron mute beaucoup plus rapidement que le Delta, est extrêmement contagieux, extrêmement dangereux, potentiellement très mortel, peut également affecter les personnes vaccinées et rendre de nouvelles injections nécessaires parce que l'immunité naturelle et l'immunité vaccinale sont minées par cette mutation (en fait, l'immunité des personnes vaccinées est déjà endommagée par les injections de Covid).

Le "guide" oublie d'ailleurs de signaler la propagande la plus malveillante qui continuera d'être colportée, à savoir que ce sont les non-vaccinés qui empêchent la "rédemption" de la pandémie et les mesures strictes, et qu'ils doivent donc être définitivement éjectés de la société "pour le bien commun".

Pas d'inquiétude, nous avons de nouvelles pilules expérimentales !

Mais pour le reste, pas d'inquiétude : Pfizer et Merck travaillent sur de nouvelles pilules Covid qui ont déjà été annoncées en grande pompe. Pfizer a également déclaré qu'un "vaccin" contre Omicron pourrait voir le jour dans 100 jours.

Le scénario prévisible ? Une "urgence" est déclarée et ces pilules à peine testées reçoivent une "autorisation d'urgence" pour être distribuées en masse. En effet, comme c'est le cas avec les injections actuelles de Covid. En d'autres termes, la population est tout simplement exposée à une nouvelle expérience médicale. Il est possible que cela se fasse déjà en décembre, sous le prétexte de "sauver Noël".

45

Tu ne veux pas que les enfants meurent, n'est-ce pas ?

Retour en Israël, qui est désormais fermé aux étrangers : comment les autorités pouvaient-elles savoir à l'avance que les enfants seraient " plus vulnérables " à cette " variante encore inconnue " ? Eh bien, elles "savaient" parce qu'elles voulaient avoir un argument en main pour éventuellement injecter tous les enfants de tous âges. Pendant ce temps, même en Israël, des enfants de 5 ans sont attaqués avec les armes biologiques de manipulation génétique Covid-19.

Il attend donc les premiers décès liés à la vaccination des enfants, qui seront bien sûr largement rapportés dans les médias israéliens et occidentaux comme des victimes de Covid / Omicron, et seront utilisés pour persuader la population d'accepter et même d'exiger une obligation générale de vaccination. Au début, c'était "Vous ne voulez pas que votre grand-mère et votre grand-père meurent, n'est-ce pas ? Maintenant, ce sera "Vous ne voulez pas que les enfants meurent, n'est-ce pas ?

On peut supposer que beaucoup succomberont à cette fausse propagande emo-terroriste, ce qui augmentera la haine des non-vaccinés à un point tel qu'elle attend que les premiers soient physiquement attaqués, blessés et assassinés. C'est ce que le gouvernement attend, car il pourra alors s'en servir pour placer les non-vaccinés dans des camps fermés "pour leur propre protection".

Avec cela, les camps de concentration seront un fait ici aussi.

Dark Winter

L'année dernière, il semblait y avoir peu ou pas de surmortalité, et certainement pas pire qu'une vague de grippe normale. Aujourd'hui, la surmortalité est RÉELLE et, partout (y compris chez les jeunes et les sportifs de haut niveau), les gens commencent littéralement à tomber APRÈS le début de la campagne d'injections.

Même Bill Gates a récemment admis que les "vaccins" n'ont pas fonctionné. Avec la montée en puissance de la variante Omicron, on reconnaît en fait que toutes les mesures corona prises pour contenir le "Covid", qui causait d'énormes dégâts à notre société, ont été totalement inutiles. Malgré cela, nombre de ces mesures sont tout simplement réintroduites, et ce parce que dès le départ, il n'y avait qu'un seul objectif : injecter tout le monde, en bien ou en mal, quel qu'en soit le coût.

Si les gens ne se réveillent pas immédiatement en masse et ne se révoltent pas, cela pourrait bien devenir un "hiver noir" très violent, alors qu'une fois de plus, des dizaines de personnes et même des enfants sont sacrifiés sur l'autel des idoles de la vaccination, et que ceux qui refusent sont diabolisés comme "hérétiques"

47

en nombre rapidement croissant, avec l'intention de les exterminer rapidement.

Mutation du vaccin ?

Omicron, l'excuse attendue pour de (nouvelles) mesures - N'ayez pas peur et arrêtez de regarder la télévision.

La nouvelle variante de corona Omicron (appelée 'Nu' depuis environ un jour), qui est également apparue en Australie, a été détectée pour la première fois en Afrique, au Botswana. Le groupe de travail Covid-19 du président du Botswana confirme que les quatre voyageurs chez qui la variante Omicron a été détectée étaient entièrement vaccinés. Il s'agit là d'une autre indication forte que le système immunitaire subit des dommages importants du fait des injections de Covid, transformant les jabbers en superspreaders. De nombreux experts scientifiques ont longtemps mis en garde contre ce phénomène, en vain.

De nombreux cas de "percée" de Covid et de la variante Delta chez les jabbers ont été signalés dans le monde entier ces derniers mois, la grande majorité d'entre eux étant vaccinés dans les hôpitaux et les unités de soins intensifs. Les gouvernements qui prétendent qu'il y aurait encore une "pandémie de non-vaccinés", et/ou que le "vaccin" protégerait si bien, mentent donc manifestement comme des arracheurs de dents.

Masques anti-poussière et distanciation sociale, mais pas d'Ivermectin

49

La variante Omicron (B.1.1.529) semble avoir été créée
par le redoutable effet ADE (Antibody Dependent
Enchancement) prédit. Par conséquent, le groupe de
travail du Botswana écrit qu'il doute de l'effet des
injections actuelles et suggère donc des "interventions
non pharmaceutiques" telles que (nous y revoilà) les
protège-dents (dont l'inefficacité a été prouvée), la
distanciation sociale (dont l'inefficacité a été prouvée)
et l'évitement des voyages inutiles (pratiquement
inutile pour les virus respiratoires qui se retrouvent
également dans la population animale).

L'ivermectine, qui a permis d'éviter la "crise" dans les
pays qui l'ont autorisée (comme le Japon) en très peu
de temps, ne doit bien sûr pas être mentionnée, et
encore moins prescrite. On peut supposer que l'OMS
(/Bill Gates) et le WEF (Klaus Schwab) brandissent le
sceptre au Botswana aussi, tout comme en Occident.

Une excuse bien nécessaire pour de nouvelles mesures

En bref, les gouvernements disposent d'une nouvelle
excuse pour maintenir et appliquer leurs mesures
socialement et économiquement perturbatrices,
comme cela est apparu une nouvelle fois hier soir lors
de la "conférence de presse" - désormais presque risible
- des dirigeants du régime, en raison de l'absence totale
et persistante de toute justification.

Comme c'est "pratique" qu'ils aient soudainement eu
un argument pour montrer leur "responsabilité" en ne

permettant pas aux passagers d'un avion en provenance d'Afrique du Sud, où Omicron se serait également déclaré, de débarquer à l'aéroport de Schiphol. Si la santé publique était vraiment en jeu, la substance strictement interdite portant la lettre "I" aurait été prescrite depuis des mois.

Ce qui se passe maintenant avec "Omicron" ne surprendra pas du tout nos lecteurs, car nous écrivons depuis l'année dernière que ce serait le scénario par lequel les gouvernements tenteraient de maintenir des pays et des populations entières dans un état de peur constant. En Israël, qui a déjà été frappé de plein fouet (la quatrième piqûre de rappel n'a pas fonctionné non plus, la cinquième est donc imminente), il semble que l'"état d'urgence" va être déclaré après qu'un voyageur du Malawi, entièrement vacciné, ait été "infecté" par l'Omicron. Mais même cette "infection" a été déterminée à l'aide du test PCR, qui a été totalement démystifié.

Les mutations rapides rendent le "vaccin" inutile de toute façon

Le complexe pharmaceutique criminel Pfizer a annoncé que la mise au point d'un "vaccin" peut prendre 100 jours. Eh bien, un virus qui mute rapidement - les mutations sont normales pour un virus respiratoire, soit dit en passant - rend tout "vaccin" éventuel inutile à l'avance. Les injections de Covid n'ont pas pu fonctionner non plus, car elles ont été piquées pour la production de la protéine du pic de Wuhan, qui n'existait plus même au moment de la toute première injection.

Au contraire, le fait que le (supposé) virus mute à la vitesse de l'éclair devrait être présenté comme une bonne chose, car cela signifie qu'il n'est pas ou peu dangereux. En effet, jusqu'en 2020, c'était un fait scientifique général que les virus respiratoires qui mutent rapidement ne deviennent pas plus dangereux, mais toujours plus inoffensifs. Si, malgré cela, de nombreuses maladies et décès sont encore attribués à Omicron, vous savez désormais quelle est la véritable cause.

Mais si vous aimez " vous entendre " et " socialiser ", vous savez où faire la queue pour rejoindre le même groupe à risque. Quoique, la queue ? Il semble très probable que l'enthousiasme pour obtenir la seringue ne soit pas très élevé depuis quelque temps, ce qui est vraisemblablement LA raison pour laquelle Omicron a été amené sur les lieux. Impfung muss sein.

N'ayez pas peur et arrêtez de regarder la télévision

L'apparition d'"Omicron" n'exclut en rien la possibilité que la prochaine pandémie de Marburg ou de variole, annoncée par Bill Gates, ne se déchaîne également sur le monde. Qu'elle soit réelle ou sous faux drapeau, car cette variante d'Omicron ressemble aussi fortement à une "épidémie de virus" sous faux drapeau, destinée principalement à dissimuler le nombre déjà énorme de victimes des injections de Covid.

Faites confiance à votre propre système immunitaire (et si nécessaire, renforcez-le avec des compléments naturels tels que la vitamine D3), et surtout, N'AYEZ PAS PEUR.

Arrêtez de regarder la télévision.

Les poursuites judiciaires arrivent !

Les procureurs soulignent les crimes antérieurs de Gates concernant les vaccins contre le papillomavirus et la polio - *"Gates est également coupable de tromperie et de meurtre de masse".*

L'Association du barreau indien rapporte que des accusations de meurtre ont été déposées contre Bill Gates devant la Cour suprême. La demande : rien de moins que la peine de mort. Outre Bill Gates, le milliardaire indien Adar Poonawalla est également tenu responsable de la mort d'un homme de 23 ans, décédé après avoir reçu une injection de Covishield, le "vaccin" Covid d'AstraZeneca.

Poonawalla est le PDG du Serum Institute of India (SII), qui, selon lui, est le plus grand fabricant de vaccins au monde. Outre Covishield, SII produit 50 % de tous les "vaccins" mondiaux injectés aux bébés.

La plainte tient également un certain nombre de responsables et de dirigeants gouvernementaux pour responsables de la mort de la jeune femme de 23 ans, qui "a pris le vaccin Covishield en croyant au récit erroné selon lequel le vaccin est totalement sûr, et pour se conformer également à l'exigence de la compagnie ferroviaire selon laquelle seules les personnes doublement vaccinées sont autorisées à voyager.

Exigence : les personnes doivent être informées à l'avance des effets secondaires.

L'article indique également que le comité AEFI (Adverse Event Following Immunisation) a récemment reconnu que le décès du Dr Snehal Lunawat, 33 ans, était dû aux effets secondaires (caillots sanguins) du "vaccin" Covishield.

Comme très probablement des centaines de milliers d'autres assassinés par injection de Covid.

Il est également demandé que chacun soit désormais informé à l'avance des effets secondaires du "vaccin", et en même temps des moyens et traitements alternatifs existants (comme l'Ivermectin, qui a permis à l'État indien d'Uttar Pradesh, avec 241 millions d'habitants, d'être déclaré exempt de Covid en très peu de temps).

Coupable de meurtre de masse, donc peine de mort".

Si une personne est vaccinée alors qu'on lui cache les faits ou qu'on lui ment en lui disant que les vaccins sont totalement sûrs, le consentement est obtenu par tromperie. En Inde, la vaccination sous la tromperie ou par coercition ou contrainte, en imposant certaines conditions restrictives, est un délit civil et pénal."

Gates et Poonawalla, partenaires d'AstraZeneca et de la production de Covishield, sont donc accusés de participer à une conspiration. En Inde, la commercialisation mensongère d'un produit, y compris l'omission d'effets secondaires avérés et d'autres dangers, est punissable, ce qui rend les deux milliardaires coupables de meurtre de masse, selon les procureurs. Il y aurait même suffisamment de preuves judiciaires pour condamner les deux hommes à la peine de mort.

Crimes antérieurs avec les vaccins contre le VPH et la polio

Dans ce contexte, il est fait référence à une précédente affaire contre Bill Gates pour le meurtre de 8 jeunes filles lors du test du " vaccin " contre le VPH, le Gardasil. En 2018, la branche constitutionnelle de la Cour suprême a déclaré Gates coupable dans l'affaire de Kalpana Mehta, ce qui constitue "une preuve puissante contre Bill Gates et son syndicat des vaccins".

Il cite également le "sinistre" programme de vaccination contre la polio parrainé par Gates, qui a provoqué un nouveau type de paralysie chez quelque 450 000 enfants en Inde. "Cela aussi est une preuve supplémentaire de l'état d'esprit dépravé et criminel de Bill Gates". Incidemment, en 2018, l'OMS a reconnu à contrecœur que 70 % de tous les cas de polio dans le monde sont causés par le vaccin.

L'article indique que Bill Gates n'est pas autorisé à rembourser sa dette (lett. ne serait pas autorisé à obtenir une caution, mais bien sûr il n'est pas coincé là), et que tous ses biens en Inde seront bientôt saisis. La loi, selon les procureurs, permettrait à Gates et Poonawalla d'être arrêtés par des citoyens et remis à la police.

Libre jeu sur terre, mais seulement temporairement

Bill Gates, notamment par le biais de l'OMS, a acheté pratiquement tous les gouvernements en son pouvoir, surtout en Occident. La probabilité qu'il doive un jour comparaître devant un tribunal terrestre pour de graves crimes contre l'humanité est donc nulle. Il en va de même pour tous les autres milliardaires et membres du syndicat mondial du crime des mondialistes du climat et des vaccins, qui sont en train de réaliser leur dernière prise de pouvoir de la "Grande Réinitialisation" et de l'Agenda 2030.

Au cas où vous ne croiriez pas à un jugement final après cette vie, vous pouvez peut-être vous réconforter avec l'histoire : ces types de personnes empathiques et intensément mauvaises finissent toujours par se détruire les unes les autres et par se détruire elles-mêmes, et ce parce que l'avidité, la soif de pouvoir, la peur, la haine, la tromperie et le mensonge sont les seuls motifs et méthodes qu'elles connaissent et utilisent pour s'accrocher à leur pouvoir et à leur richesse temporaires.

Temporaire, parce que si ces messieurs (et ces dames) croient vraiment qu'ils pourront bientôt télécharger leur conscience ou leur "âme" dans un ordinateur et ainsi vivre éternellement, alors non seulement ils n'ont absolument rien compris à la vie, mais ils auront aussi, à mon avis, une très mauvaise surprise. Ce n'est qu'une maigre consolation pour leurs nombreuses victimes, mais quand même.

L'ironie ?

Par ailleurs, d'autres personnes qui répandent la haine à l'encontre des personnes non vaccinées sont elles-mêmes victimes - **un homme de 56 ans en Californie meurt 10 semaines après l'injection d'ARNm Moderna, il avait prévenu tout le monde :** *"Ne prenez ça que si vous voulez souffrir et mourir".*

Le Dr Sohrab Lutchmedial, un cardiologue canadien de 52 ans qui, ces derniers mois, a dénoncé les personnes non vaccinées sur les médias sociaux en les qualifiant d'"égoïstes" et a indirectement souhaité leur mort en écrivant qu'il "ne pleurera pas à leurs funérailles", vient de mourir lui-même, deux semaines après son injection de rappel d'ARNm (Pfizer ou Moderna). Un homme de 56 ans de Californie a également été victime de la même injection, mais a passé les 10 semaines où il était encore en vie à donner un sens à tout cela en mettant en garde tout le monde contre ces injections mortelles au ralenti : "Ne prenez cela que si vous voulez souffrir et mourir".

Les personnes non vaccinées qui s'opposent à ces injections de Covid propageraient une "désinformation dangereuse" selon le Dr Lutchmedial, a-t-il écrit à plusieurs reprises sur son Facebook. Après tout, en tant que chirurgien au Centre cardiaque du Nouveau-Brunswick, où il faisait partie de l'équipe qui a pratiqué la première opération à cœur ouvert MitraClip, il avait été "vacciné" en janvier, et était toujours en vie. Le 15 août, il préconisait encore de qualifier les injections de "canons à anticorps", et ce alors qu'il a maintenant été scientifiquement démontré que les injections de Covid dégradent en fait gravement et détruisent progressivement le système immunitaire humain.

Mais, en parfaite harmonie avec les politiciens et les médias grand public, il a ignoré le nombre inimaginable de victimes officielles de la vaccination et a encouragé l'injection de vaccins à des enfants de 12 ans en affirmant à tort qu'ils seraient "indiscutablement sûrs". Le 9 octobre, il a écrit avec colère qu'il voulait "frapper les personnes non vaccinées au visage". Puis, le 24 octobre, il a retroussé avec confiance sa manche pour sa troisième injection, la piqûre de rappel. Le 8 novembre, à peine deux semaines plus tard, il est mort subitement dans son sommeil.

"Si égoïstes, les non-vaccinés ! *(Mais maintenant, je suis moi-même mort)*

Un autre pro-vaxxer obsédé est également décédé après sa piqûre. Greg Block, résident de Californie, avait beaucoup à dire sur les personnes non vaccinées au cours des derniers mois. Le 16 mars, il a fièrement affiché son certificat de vax CDC / Pfizer, puis a reçu sa deuxième injection le 6 avril. Sur les médias sociaux, il a dénigré les opposants à la vaccination en les qualifiant de "petit groupe qui pense être supprimé. Ils font en sorte que le reste du pays ne puisse pas revenir à la normale. C'est si dangereux. Tellement égoïste. Tellement anti-américain.

Dans le cas de cet homme aussi, les injections semblent avoir altéré son bon sens et sa pensée logique, car il semblait trouver parfaitement normal que SON "médicament" ne fonctionne pas (correctement) si LES AUTRES ne le prennent pas aussi. (Votre voisine a mal à la tête et vous appelle pour vous demander de prendre aussi du paracétamol, sinon son mal de tête ne disparaîtra pas. - La différence, c'est qu'il a été démontré que le paracétamol fonctionne dans presque tous les cas, et maintenant, même Bill Gates a admis que les injections d'ARNm Covid ne fonctionnent PAS comme prévu, et n'offrent aucune protection.

Block est même allé jusqu'à dire qu'il pensait qu'il fallait simplement retirer les enfants à leurs parents non vaccinés. Le 21 août, il a proclamé le mantra trompeur communiste-fasciste "seulement ensemble" selon lequel tout le monde devrait être obligatoirement injecté "pour le bien commun".

Le 7 novembre, ses contacts sur les médias sociaux ont écrit que Greg Block était mort. Encore un homme d'âge moyen, en bonne santé, qui est soudainement décédé peu de temps après avoir été "vacciné".

Quel génie", écrit l'animateur de radio américain Hal Turner en guise de commentaire. Non seulement il n'a pas écouté les avertissements concernant cette

thérapie génique expérimentale Covid déguisée en
'vaccins', mais il l'a imposée aux autres. Il a rabaissé
ceux qui pensent que ces choses sont dangereuses, et il
a même préconisé de retirer les enfants aux personnes
non vaccinées. Et maintenant, il est... mort.

**Ne le prenez pas si vous n'êtes pas prêt à souffrir et à
mourir.**

Dans le même État, Michael Granata, technicien et
propriétaire d'entreprise de 56 ans, est décédé
récemment, dix semaines seulement après son injection
de Moderna. Le 17 août, il a reçu sa première injection.
Trois jours plus tard, il est tombé malade et a développé
le syndrome auto-immun MIS-A (qui, selon les médias,
ne pouvait être contracté qu'après Covid) et ses
organes ont commencé à défaillir. En deux semaines,
tous ses muscles se sont désintégrés.

Peu avant sa mort, le 1er novembre, Granata a écrit :
"J'ai été aux soins intensifs pendant quelques semaines
et j'avais parfois une aiguille plantée en moi 24 fois par
jour. J'ai également reçu 6 ou 7 intraveineuses
(simultanément). C'était une torture constante pour
laquelle je n'ai pas de mots. Je n'étais plus traitée
comme un être humain doté de sentiments et d'une
vie".

Je n'étais rien de plus qu'un cobaye humain pour le
vaccin Covid, et les médecins ont participé avec plaisir à
mon fascinant processus de mort. Si seulement je

n'avais jamais été vacciné. Si vous n'êtes pas vacciné, ne le faites pas, à moins que vous ne soyez prêt à souffrir et à mourir".

Un médecin britannique populaire donne une tribune aux victimes d'attentats

Le docteur britannique John Campbell compte 1,3 million d'abonnés sur YouTube. Bien que Campbell soit pro-vaccins, il souligne les conséquences des injections actuelles de Covid, "parce que ce sont des substances différentes des vaccins que nous utilisions auparavant". Par exemple, il s'est entretenu hier avec Nikk, une femme de 50 ans en bonne santé, dont le système immunitaire est quelque peu affaibli, qui a été "vaccinée" (AstraZeneca) en février et qui est immédiatement tombée très malade et a vomi. L'injection même lui a donné tous les symptômes associés au Covid.

Dans les jours qui ont suivi, elle a également souffert de graves maux de tête et a commencé à perdre ses fonctions motrices. Ses yeux se sont aussi considérablement détériorés, si bien qu'elle doit maintenant porter des lunettes (un optométriste a reconnu que l'injection de Covid avait affecté les muscles de ses yeux). Cependant, les médecins et les immunologistes ne veulent rien savoir de ses problèmes (après tout, l'injection de Covid est sacrée et intouchable, les victimes ne devraient pas exister).

63

Nikk : *Je ne me sens pas en sécurité maintenant qu'on doit faire une piqûre de rappel, puis une autre, et une autre... J'essaie de rester positive, mais je suis dans un trou noir tous les jours. C'est vraiment difficile, surtout quand le système de santé vous a laissé tomber'.*

Un jour plus tôt, le Dr Campbell s'est entretenu avec l'athlète professionnel américain Kyle, qui a commencé à ne pas se sentir bien quelques semaines après sa deuxième injection Pfizer en juin et qui est désormais incapable de pratiquer son sport.

Kyle s'est fait connaître par son témoignage devant un comité d'experts du Sénat chargé d'examiner l'obligation fédérale de vaccination et les dommages causés par les vaccins.

Allumer les feux

Gouvernement australien, si vous voulez nécessairement imposer une tyrannie fasciste à votre peuple, soyez au moins honnête à ce sujet.

Qui ose encore NE PAS faire la comparaison avec la Seconde Guerre mondiale / l'Holocauste ? - Le *mouvement australien pour la liberté envoie un SOS désespéré au monde : "Aidez-nous, notre pays est perdu".*

Cela avait été annoncé l'année dernière, et c'est maintenant un fait accompli : les premiers Australiens ont été transférés de force dans un camp de concentration sous prétexte d'une "menace extrême pour la santé publique" après que 19 "infections" suspectes au Covid ont été détectées dans la ville de Binjari. Le mouvement pour la liberté "Reignite Democracy Australia" a récemment envoyé un SOS désespéré au monde entier car "notre pays est perdu". Mais qui va sauver les Australiens de cette tyrannie fasciste inhumaine ? Cela arrive en Europe aussi, et ils font tout ce qu'ils peuvent pour le faire en Amérique du Nord aussi", a récemment averti l'économiste américain Martin Armstrong. Vous pensez encore : mais pas ici, n'est-ce pas ?

Détrompez-vous : L'OMS/Bill Gates et le WEF/Klaus Schwab ont les gouvernements australien et européen sous leur coupe.

Les habitants des villages de Binjari et de Rockhole (220 et 130 habitants respectivement) avaient déjà été placés dans une situation de confinement strict, dans laquelle ils n'étaient autorisés à sortir de chez eux que pour faire les courses nécessaires, recevoir des soins médicaux, faire deux heures d'exercice, travailler et s'instruire (si cela ne pouvait se faire depuis chez eux).

Ces 5 exceptions ont maintenant toutes été abrogées, à l'exception des traitements médicaux d'urgence. En outre, tout le monde doit se faire "vacciner" dès que possible. Le gouvernement de l'Union européenne a justifié ces mesures autoritaires en affirmant que "le danger pour les vies est extrême".

Donc, ce n'est pas une théorie de la conspiration après tout".

38 "contacts" des 19 personnes "infectées" ont été retrouvés et également transférés par des camions de l'armée vers le camp de concentration de Howard Springs (image à ne pas publier en raison des droits d'auteur). Celui-ci compte un total de 3000 places, officiellement pour les " étrangers " et les " voyageurs nationaux ". Les tweets de Bernie : "Donc ce n'était pas une théorie du complot après tout".

Qui n'oserait PAS faire la comparaison avec la Seconde Guerre mondiale et l'Holocauste ? Justin Hart : "Les dirigeants australiens sont stupides et autoritaires - une très mauvaise combinaison".

Certains commentateurs affirment qu'un "nettoyage ethnique" est en cours. En effet, les Territoires du Nord abritent un pourcentage élevé d'Australiens indigènes, dont environ 1 sur 5 vivrait dans des logements surpeuplés. Les autorités affirment que cela aurait contribué à l'"épidémie" de Covid-19.

Sauvez-nous, notre terre est perdue

L'Australie ne peut plus se battre pour elle-même", a déclaré Monica Smit, soulignant le fait que des manifestants se font tirer dans le dos, que des personnes sont arrêtées pour avoir critiqué le gouvernement sur les réseaux sociaux et licenciées si elles ne se font pas injecter, et que même les enfants se suicident désormais en nombre alarmant. Nous sommes désormais un pays de division, de coercition et d'apartheid médical... Nos droits de l'homme ont disparu, disparu !

Nous avons été réduits au silence. Nous avons été attaqués, soumis au chantage et endommagés psychologiquement. Nous avons essayé de mener cette bataille seuls, mais le gouvernement a instillé tellement de peur que nous n'avons plus la force de nous battre".

Nous sommes une nation brisée, et même si nous n'abandonnerons jamais, nous avons besoin de votre aide pour poursuivre notre combat. Nous avons besoin de l'aide de nos amis internationaux. Nous vous demandons votre soutien, afin d'exercer une pression politique et économique sur nos dirigeants pour qu'ils changent le cours destructeur que nous suivons. C'est pourquoi nous organisons une manifestation mondiale, à l'exclusion de l'Australie, pour soutenir notre lutte pour la liberté. Ceci est un SOS officiel pour mon beau pays. Nous vous supplions d'écouter notre appel au secours".

Nos "amis internationaux", cependant, ont TOUS été pris en charge par le même club de mondialistes communistes-technocrates. Nous sommes désolés, Australiens, mais nous sommes confrontés à l'imposition de la même dictature tyrannique, même si elle n'a pas encore été poussée aussi loin que vous. (C'est une stratégie délibérée de "patchwork" de division et de conquête. Aujourd'hui encore, de nombreuses personnes répondent par l'argument de la "politique de l'autruche" : "Oh, mais ce n'est pas avec nous, ce n'est pas pour nous, vous savez ! (Tout comme ils ont promis qu'il n'y aurait jamais de passeport pour les vaccins, que les vaccinations ne seraient jamais "forcées", etc.)

Cela arrive aussi en Europe, et ils font tout ce qu'ils peuvent pour que cela arrive aussi en Amérique du Nord", a averti l'économiste américain Martin Armstrong il y a quelques jours. Avec seulement 5 millions de décès (supposés) dus au Covid dans le monde, sur une population de 7,8 milliards d'habitants, c'est le Nouvel Ordre Mondial qui met fin à la démocratie !

Qui nous délivrera de ces ennemis de l'humanité ?

Pendant la deuxième guerre mondiale, les Américains, les Britanniques, les Canadiens et les Australiens sont venus nous délivrer des nazis. Aujourd'hui, nous avons besoin d'une nouvelle délivrance d'un autre type d'occupation.

Nous devons maintenant nous libérer de l'OMS/Bill Gates, du WEF/Klaus Schwab, de George Soros (= le "président fantôme" européen de facto), de tous leurs exécutifs politiques serviles, du complexe des grandes entreprises pharmaceutiques et des grandes banques, et certainement de leurs directeurs tout-puissants dans les coulisses, notamment les célèbres familles Rothschild et Rockefeller et, juste en dessous, certaines des royautés européennes et orientales les plus connues.

Ce club relativement restreint d'élitistes jette tous les masques de l'"humanité" et de la "démocratie" à un rythme toujours plus rapide, et se révèle en réalité être un ennemi virulent de l'humanité.

J'abhorre toute forme de violence, mais en dehors d'une intervention surnaturelle/divine espérée et attendue par beaucoup, on peut se poser la question pressante de savoir quel(s) pays ont une puissance (militaire) et une volonté politique suffisantes pour débarrasser le monde de ces monstres et de leurs institutions.

Une destruction totale ?

Ce n'est pas pour rien que la nouvelle pilule anti-Covid de Pfizer contient un remède contre le VIH - Les données officielles britanniques sont implacables : *Les personnes vaccinées malades se précipitent dans les centres de soins, alors que les non-vaccinés sont bien mieux lotis.*

Les preuves scientifiques en avaient déjà été abondamment fournies, mais aujourd'hui, les données de l'Agence britannique de sécurité sanitaire indiquent également que les pires craintes des experts indépendants commencent à se réaliser, à savoir que les injections de manipulation génétique Covid détruisent progressivement le système immunitaire humain. Depuis les années 1980, il existe un acronyme largement redouté pour désigner un tel syndrome : SIDA. Alors que les hôpitaux se remplissent de personnes vaccinées, une catastrophe sanitaire mondiale sans précédent, avec un nombre inimaginable de décès, semble inévitable, surtout si les personnes vaccinées doivent bientôt retrousser leurs manches pour recevoir des injections de rappel.

L'Agence britannique de sécurité sanitaire (UKHSA) remplace l'ancienne Public Health England (PHE). L'ancien ministre de la santé, Matt Hancock, a déclaré que l'ajout du terme "sécurité", tout aussi sinistre et ironique, était nécessaire pour "protéger le public des ennemis extérieurs de la santé de ce pays". Sinistre, parce qu'il inscrit définitivement le Covid et les virus dans le "langage de la guerre", dont on abuse depuis l'année dernière pour restreindre toujours plus les libertés. Sinistre, car le véritable ennemi vient de l'intérieur : le gouvernement et ses "vaccinations" obligatoires.

De même, en Grande-Bretagne, la majorité des personnes décédées à cause du Covid sont vaccinées.

Les statistiques officielles de la PHE montraient déjà que depuis juin 2021, la majorité des décès de Covid-19 ont été entièrement vaccinés, et que ce pourcentage ne fait qu'augmenter. Pour dissimuler cela, l'UKHSA ne publie plus que les rapports de " surveillance des vaccins " quadrimestriels, plutôt que la grande revue qui remonte à février 2021.

C'est alors qu'apparaît une tendance effrayante à long terme sur la soi-disant "efficacité" et "sécurité" des injections de Covid. En effet, les analystes de The Exposé collectent et étudient tous les rapports officiels, et peuvent tirer les conclusions suivantes sur la base des chiffres et des statistiques. En août, l'efficacité des injections semblait encore positive pour certains groupes (+66% pour le groupe des moins de 18 ans, passant à 78% en septembre, et légèrement positive pour les 20-39 ans et les plus de 80 ans), mais était déjà significativement négative pour les 60-69 ans par exemple (-47%).

Après cela, les choses sont allées de mal en pis. Les personnes âgées de 40 à 49 ans ont été le plus durement touchées, avec une efficacité réelle de -109 % et, peu après, de -126 %. Un chiffre négatif supérieur à 100 % indique non seulement que les injections ont complètement échoué, mais aussi que le système immunitaire naturel des bénéficiaires a été endommagé au lieu d'être renforcé.

Plus inquiétant, les groupes d'âge 50-59 ans et 60-69 ans ont également sombré davantage en territoire négatif (-116% et -120% respectivement). Pour les plus de 80 ans, l'efficacité a grimpé de -22% à -9%, mais reste donc toujours dans le négatif. Pendant ce temps, tous les jaboteurs de plus de 30 ans sont aux prises avec une efficacité en baisse constante. Même pour les 18-29 ans, le plus élevé de 51% des semaines 33-36 est tombé à un maigre 13% des semaines 41-44.

Effet négatif pour TOUS les jaboteurs de 18 ans et plus d'ici la fin de l'année.

Si cette tendance se poursuit - et pour l'instant rien ne suggère qu'elle s'arrête ou diminue - alors d'ici la fin de l'année, les injections de Covid auront un effet NÉGATIF pour TOUS les 18 ans et plus, et il aura encore chuté à +38% pour les mineurs. Toutes les personnes âgées de 40 à 79 ans passeront alors sous la barre des -100%, laissant tous les vaccinés de ces âges avec un système immunitaire compromis. (En particulier pour les 40-49

ans, à -180%, les choses semblent extrêmement
sombres).

Qu'est-ce que cela signifie pour le nombre de cas de
Covid-19 ? Chez les personnes non vaccinées, ce
nombre a fortement diminué entre les semaines 33 et
40 (de 101 867 à 60 479), suivi d'une augmentation
modérée à 79 516. Pour les personnes vaccinées, les
chiffres sont bien pires : d'abord, il n'y a pas eu de
baisse substantielle au cours de la même période (de
288 470 à 287 527), mais ensuite une augmentation
explosive à 450 186.

En d'autres termes, même les chiffres officiels
britanniques montrent inexorablement que ce sont
précisément les vaccinés qui sont devenus beaucoup
plus vulnérables et tombent malades en masse, et NON
les non-vaccinés, comme le prétendent encore les
politiciens et les médias. Les calculs montrent en outre
qu'il y aura au moins plusieurs centaines de milliers de
personnes vaccinées malades supplémentaires dans les
mois à venir. Les projections prévoient même une
augmentation de Covid-19 de pas moins de 2,75
millions de "cas" vaccinés d'ici la fin de 2020.

**Les personnes vaccinées ont 241 % plus de risques de
mourir à l'hôpital à cause du Covid.**

Dans les hôpitaux britanniques - comme dans d'autres
pays - la même chose se produit : ils se remplissent
principalement de personnes entièrement vaccinées :

Pour le nombre de décès dus au Covid, les statistiques sont encore plus désastreuses. On peut voir ici très clairement que les décès dus au Covid chez les personnes "vaccinées" sont beaucoup plus élevés que chez les personnes non vaccinées, et qu'ils sont en augmentation : (il faut noter que les chiffres sont basés sur les tendances de l'été, période où il y a historiquement peu d'infections virales. Par conséquent, les chiffres peuvent s'aggraver considérablement au cours de l'hiver prochain).

Rappelons ici que l'âge moyen d'un décès dû au Covid-19 avant la campagne de "vaccination" était de 85 ans. C'est-à-dire quelques années de plus que l'âge moyen de 81 ans.

Les mêmes projections prévoient 2130 décès chez les non-vaccinés et 17 038 chez les vaccinés. Le taux de mortalité hospitalière est alors de 17% pour les non-vaccinés, mais de 58% (!!) pour les vaccinés. Les données montrent donc qu'en tant que personne vaccinée, vous avez 241% plus de chance de mourir à l'hôpital à cause du Covid qu'une personne non vaccinée.

Le système immunitaire de tous les vaxxers va-t-il s'effondrer dans un an ?

Au rythme actuel du déclin, le système immunitaire des 30-39 ans s'effondrera complètement en moins de trois mois. Pour les 40-49 ans, la même période de seulement 3 mois s'appliquera probablement. Les personnes âgées de plus de 80 ans ont déjà reçu une injection de rappel, il s'agit donc pour elles d'attendre de voir ce qui va se passer.

Compte tenu de la mauvaise expérience des deux premières injections, il y a de fortes chances que leur système immunitaire - qui ne réagit pas ou peu à tout type de "vaccin" de toute façon - s'effondre bien plus tôt que les 4 à 16 mois suggérés par les statistiques. Pour tous les vaccinés, il y a une période d'environ quelques mois à un an avant que leurs défenses naturelles n'abandonnent.

Big Pharma a son modèle de super profit : les jabbers en permanence sur les piqûres de rappel

Les données montrent que les producteurs de Big Pharma ont réalisé exactement le modèle de super profit dont ils rêvaient. Tous ceux qui se font vacciner devront recevoir en permanence des rappels (vraisemblablement au moins deux par an) pour avoir théoriquement un système immunitaire qui fonctionne un peu. S'ils refusent cet "abonnement au vaccin", ils perdent non seulement leurs libertés et font partie des parias non vaccinés, mais ils signent également leur arrêt de mort presque certain, car ils n'auront guère de défense suffisante, même contre les virus domestiques courants.

L'UKHSA a elle-même indiqué qu'il ne s'agissait pas d'une simple théorie, en se référant aux données de la semaine 42, où l'on a constaté que le niveau des anticorps N essentiels chez les personnes entièrement vaccinées avait diminué. Cela signifie que les injections affectent la capacité du système immunitaire à produire des anticorps contre d'autres parties du virus SRAS-CoV-2. Par conséquent, toute mutation - et les virus respiratoires tels que les coronavirus mutent comme une traînée de poudre - représente désormais un grand danger pour les personnes vaccinées. Pour les personnes non vaccinées, la situation est bien meilleure, car leur système immunitaire non affecté peut continuer à produire des anticorps S et N en quantité suffisante.

La conclusion est sans appel : les vaccins Covid-19 sont non seulement inefficaces - comme l'ont maintenant admis même Bill Gates et - mais pire encore : ils détruisent progressivement le système immunitaire naturel de l'homme. Compte tenu de la ruée vers les soins de personnes pour la plupart vaccinées, la redoutable vague prédite d'ADE (Antibody Dependent Enchancement) chez les jabbers semble avoir commencé.

Est-ce que tous les jaboteurs vont attraper une forme de SIDA ?

Le syndrome d'immunodéficience acquise (SIDA) est une maladie dont on pensait auparavant qu'elle était causée uniquement par le virus VIH. Un patient atteint du SIDA perd ses défenses immunitaires et devient ainsi vulnérable à toute une série d'autres infections et d'affections graves, dont le cancer. Il est encore trop tôt pour l'affirmer avec une certitude absolue, mais il semble très probable que les injections de Covid provoquent une nouvelle forme de SIDA.

La société Pfizer, membre de la mafia criminelle, en tire parti avec sa nouvelle pilule anti-Covid, qui est censée réduire de 89 % le risque d'hospitalisation. On sait depuis des années que l'on ne peut pas du tout se fier aux chiffres de Pfizer, mais cela mis à part. Ce qui est plus révélateur, c'est que la pilule contient un agent anti-VIH.

Le gouvernement s'est retourné contre son propre peuple

Et CES injections qui mettent notre vie en danger nous sont imposées par la quasi-totalité des politiciens avec des mesures toujours plus coercitives (avec pour résultat officiel 30 000 décès dus aux vaccins dans l'UE déjà). Une violation aussi flagrante des droits de l'homme peut, à mon avis, être qualifiée de rien de moins qu'une attaque terroriste biomédicale délibérée*, à la limite d'une tentative de génocide de sa propre population, qui devrait conduire ses décideurs, exécutants et partisans devant un tribunal de guerre.

Sommes-nous, en tant que peuple, devenus si blasés et suicidaires que nous allons laisser cela se produire ?

Conséquences graves

Les églises des États-Unis coopèrent pleinement avec les injections qui intègrent progressivement - et finalement de manière irréversible - leurs membres dans le Nouvel Ordre luciférien en gestation.

L'empire "chrétien" de Billy Graham a toujours fait partie du NWO mondialiste - le *faux christianisme est au cœur du "système de la Bête" et la promotion de ces injections est l'accomplissement des prophéties bibliques de la fin des temps.*

Franklin Graham, qui, après la mort de son illustre père Billy, a repris sa place d'évangéliste le plus célèbre d'Amérique, semble avoir souffert de l'effet secondaire courant de la péricardite (inflammation du péricarde) après ses injections de Covid-19 ces derniers mois. Entre-temps, Graham, 69 ans, a été opéré avec succès et est de retour chez lui pour se rétablir. En mars, il a déclaré à ses millions d'adeptes que Jésus-Christ se cachait derrière ces "vaccins" et qu'il voulait donc que tout le monde se les fasse injecter.

Le fils de' est PDG de l'Association évangélique Billy Graham et aussi de sa propre organisation, Samaritan's Purse, qui a récolté près d'un milliard de dollars l'année dernière et collabore régulièrement avec l'industrie pharmaceutique et le système médical pour fournir des injections de Covid. Pas plus tard qu'en août, une station d'amorçage de l'hôpital de campagne a été mise en place dans le Mississippi, car le taux de "vaccination" est très faible dans cet État.

Le célèbre magazine Politico a souligné en juillet que Franklin Graham est un ami du directeur du NIH, Francis Collins, également "chrétien évangélique dévot" et patron d'Anthony Fauci. Inutile de préciser que Collins est aussi un promoteur virulent des injections. Collins et Graham sont donc en contact régulier avec les responsables de la Maison Blanche à ce sujet.

Prêcher la version occidentale de "Jésus" peut être très lucratif

Pour souligner le fait que la version américaine de l'évangile est littéralement devenue un gros business après la Seconde Guerre mondiale, Graham gagne plus de 700 000 dollars par an rien qu'en tant que PDG de Samaritans' Purse. Il a également 12 membres du personnel qui gagnent plus de 200 000 dollars. Graham dispose également d'un jet privé et, en 2020, il avait gagné plus de 8,2 millions de dollars grâce à des "investissements" (peut-être en actions Pfizer et Moderna ?), et ce, une année où des millions de personnes ont été durement touchées financièrement par les blocages de Corona.

Ainsi, en contradiction flagrante avec ce qui est écrit dans tout le Nouveau Testament, il peut être extrêmement lucratif de prêcher et de suivre cette version (occidentale) de "Jésus", comme l'ont fait de

nombreux autres évangélistes et candidats à la
télévision (exonérés d'impôts) qui ont connu le succès
dans les méga-églises au cours des dernières décennies.

**Billy Graham membre d'un réseau pédophile de la
CIA".**

Le père de Franklin, Billy, considéré par beaucoup
comme le "plus grand évangéliste de tous les temps" et
décédé en 2018, a enduré plusieurs scandales et
allégations. L'un des plus graves est le témoignage de
Fiona Barnett, qui affirme avoir été abusée
sexuellement dans sa jeunesse à la fois par le
(président) Richard Nixon et Billy Graham. Certains
pensent que les deux hommes faisaient partie d'un
réseau pédophile d'élite dirigé par la CIA et que le
scandale du "Watergate" était en fait destiné à
empêcher que cela ne s'ébruite.

Fiona Barnett a témoigné devant le Tribunal
international pour la justice naturelle (ITNJ) en 2018 au
sujet des abus rituels sataniques qu'elle aurait subis.

Née à Sydney en 1969, Mme Barnett a raconté qu'à
l'âge de 6 ans, elle était forcée de participer à des orgies
et avait été violée par le Premier ministre Gough
Whitlam, le ministre de la Justice Lionel Murphy, le
gouverneur général John Kerr et le futur Premier
ministre Bob Hawke, entre autres. L'ancien président
Richard Nixon lui aurait fait subir le même sort dans un
avion militaire lors d'une visite en Australie. Elle a

également accusé le magnat des médias Ted Turner. Billy Graham l'aurait violée lors d'une tristement célèbre réunion occulte du "Bohemian Grove" aux États-Unis. Elle y aurait également été témoin d'un meurtre rituel.

Franc-maçon du 33ème degré avec de hauts amis Illuminati

Billy Graham a rejoint les francs-maçons (/Illuminati) vers 1948, a atteint le 33e degré, et était un ami proche de George Bush. Graham a soutenu la guerre contre l'Irak en 1991 (et a même "prié" avec Bush à la Maison Blanche pour cela), et a déclaré en 2000 que les Américains devaient accepter le "Nouvel Ordre Mondial". Autres amis notoires de Graham : Henry Kissinger et l'ancien directeur de la CIA Allan Dulles, qui a financé Adolf Hitler par des moyens détournés et a fondé le Conseil mondial des églises (contrôlé par les Illuminati).

Les "croisades" de Bill Graham étaient financées, entre autres, par les Rockefeller. Il a également soutenu les "ministères" de Robert Schuller ("The Hour of Power"), Norman Vincent Peale et Oral Roberts, qui auraient tous été des francs-maçons du 33e degré. (Oral Roberts est réputé être une sorte de "géniteur" du christianisme pentecôtiste moderne, mais selon Phillip Eugene de Rothschild (via David Icke, voir "Children of the Matrix") était un ami proche de sa famille et un prêtre occulte d'une religion sataniste qui a délibérément détourné le christianisme originel et introduit (avec succès) un autre Jésus et un autre "Saint-Esprit").

Selon l'auteur chrétien Fritz Springmeier, Billy Graham était en fait un sataniste ("Be Wise As Serpents", 1991). Il s'appuie sur plusieurs témoins, dont des victimes d'abus, un ancien membre maçonnique du 33e degré et des employés de la NSA et de la CIA. Un autre témoin, David Hill, qui a vécu avec les Graham pendant deux ans et est devenu un ami de Franklin, a été assassiné plus tard alors qu'il achevait un manuscrit visant à révéler au public la position de Graham au sein des Illuminati et leurs plans ultérieurs.

Franklin a mangé un beignet en forme de pénis dans une affaire de trafic d'enfants.

Le journaliste d'investigation Timothy Holmseth, qui, selon lui, a été un témoin du FBI dans une affaire nationale d'enlèvement d'enfants et aurait rejoint un groupe de travail du Pentagone sur les pédophiles (PPTF) en 2019, a écrit en avril 2020 que Fiona Barnett a affronté Franklin Graham en disant : "Il y a 43 ans, votre père m'a intoxiquée et violée en Californie. Je suis heureuse d'être ici pour partager l'Évangile avec toutes les autres victimes de Billy Graham".

Qu'avait fait Franklin ? Un beignet littéralement en forme de pénis (et qui n'est pas appelé pour rien "bite et boules") mangé chez "Voodoo Donuts", quelques heures seulement après que Michael Whalen, victime d'abus, ait identifié ce même endroit comme une façade pour le trafic sexuel d'enfants. Le même magasin vend également des beignets portant des noms tels que "triple pénétration", "vieil homme sale" et un autre avec un pentagramme. (Très drôle et très chrétien, tous ces noms...)

Holmseth a également écrit que le New York Times tentait de dissimuler "ce qui se passe réellement sous les tentes de Central Park". L'une des photos à l'intérieur des tentes montre des membres du personnel de l'organisation Samaritan's Purse de Franklin Graham. À l'époque, cette histoire non confirmée d'un grand nombre d'enfants enlevés et sauvés de tunnels souterrains s'est répandue comme une traînée de poudre sur l'Internet alternatif.

Comme deux mains dans un gant avec Big Pharma et le trafic d'enfants".

À quelques exceptions près, la grande majorité du christianisme organisé est devenue totalement corrompue. Le journaliste-analyste Brian Shilhavy (Health Impact News) souligne que le christianisme organisé d'aujourd'hui est comme deux mains dans un même gant "avec Big Pharma et pharmakeia, le mot grec du Nouveau Testament traduit par 'sorcellerie' ou 'sorcellerie'.

Il s'agit toutefois d'une traduction incomplète et trompeuse. Le sens correct est "substances auxquelles on attribue un certain effet magique (protecteur)" - une description qui s'applique parfaitement aux vaccins. Le livre prophétique de l'Apocalypse dit que le monde entier sera trompé par cette pharmakeia (pharmacie), et que le jugement sur les trompeurs et les diffuseurs sera littéralement dévastateur.

Shilhavy écrit que les "églises chrétiennes corporatives", c'est-à-dire les églises qui sont en fait gérées comme des sociétés, sont aussi profondément impliquées dans le commerce (sexuel) des enfants. Des centaines de dirigeants d'églises de presque toutes les grandes dénominations ont déjà été arrêtés pour abus sexuels sur des enfants, notamment l'Église catholique, l'Église mormone, les baptistes du Sud et les baptistes indépendants. (C'est aller trop loin pour ce livre que d'entrer dans les détails maintenant, mais il est de notoriété publique que dans une grande partie de la Hollande ecclésiastique-chrétienne, les choses ne sont pas beaucoup mieux depuis des temps immémoriaux).

Il est temps pour les vrais croyants en Jésus-Christ de quitter les synagogues de Satan, l'Église organisée américaine", a poursuivi M. Shilhavy. Comme je l'ai déjà écrit, les fondements de cette Église sont erronés, et tout le système doit être détruit et reconstruit... Il est temps de remplacer la foi intellectuelle, les doctrines et les confessions par une foi RÉELLE qui produit des actions, conduit à la résistance contre le système mondial satanique et, ce faisant, utilise le pouvoir surnaturel promis à ceux qui croient vraiment".

Les partisans du faux christianisme prophétisé

Pour l'instant, cependant, Franklin Graham semble rester, comme son père, le célèbre représentant d'un faux christianisme dans lequel à peu près tous les principes doctrinaux fondamentaux de l'évangile originel ont été complètement démystifiés ou inversés.

C'est ainsi que - en partie grâce au père Billy - des centaines de millions de personnes dans le monde ont été amenées à croire au mensonge selon lequel il suffit de prier la "prière du pécheur" pour obtenir le "salut éternel" (qu'il s'agisse ou non d'une mise en application explicite du pistolet spirituel pointé sur votre tête selon lequel, sinon, vous serez "perdu"), et que Jésus vous emmènera à temps avant que les choses ne deviennent trop difficiles sur terre. Cela ne tient pas compte du fait qu'à l'heure actuelle, quelque 300 millions de chrétiens (principalement asiatiques et africains) sont persécutés pour leur foi (chiffres de Open Doors) et que plusieurs millions d'entre eux ont déjà été massacrés.

Billy Graham préside la fausse et non biblique prière du pécheur "une fois sauvé, toujours sauvé", qui a égaré des millions de personnes.

L'église apostate de la fin des temps est un fait

La venue du faux christianisme "évangile du succès" répandu par l'Occident est d'ailleurs parfaitement prédite dans la Bible. Les premiers chrétiens de

Thessalonique croyaient qu'ils vivraient la seconde venue de Jésus de leur vivant. Lorsque les membres de cette congrégation ont commencé à mourir, ils se sont inquiétés et ont demandé à l'apôtre Paul si la seconde venue avait déjà eu lieu, et si non, pourquoi elle n'avait pas encore eu lieu.

La réponse de Paul (si souvent mal interprétée et dénaturée) était claire : la seconde venue est toujours retenue parce qu'il doit d'abord y avoir une grande apostasie de la foi et que "l'homme pécheur" (l'homme qui fait ses propres choses et établit ses propres lois) a pris le contrôle de l'église mondiale (appelée "le temple de Dieu" dans le NT). Il a également mentionné les caractéristiques de cette église apostate de la fin des temps : une focalisation sur les signes et les prodiges, et une aversion (abandon) de la connaissance et de la vérité, jusqu'à ce que Dieu lui-même envoie une "aberration" qui les amène à (continuer à) croire aux mensonges. (Dans la veine de "qui ne veut pas entendre....").

Ces mensonges sont si convaincants et puissants (peut-être parce qu'on prétendra que leur santé ou leur vie est en jeu) que "même les élus" peuvent être trompés (Matthieu 24). Malgré cette prophétie de Jésus et la "grande apostasie" annoncée plus tard par Paul, tous les chrétiens sont convaincus qu'ils ne tomberont jamais dans cette tromperie. Ce sont toujours les autres qui en seront la proie, pensent-ils. Eh bien, je suis convaincu que c'est précisément à cause de cette attitude naïve qu'ils risquent de tomber aveuglément dans cette tromperie fatale.

Avec de faux enseignements à une église qui promeut le "666".

En fait, la chute de l'église sera si profonde qu'elle coopérera pleinement - encore une fois, avec des exceptions - à l'établissement du système financier et "pharmakéen" satanique de "la Bête". Ce n'est pas pour rien que les premiers traducteurs de l'Apocalypse 13 ont remplacé les lettres Chi-Xi-Stigma par la valeur numérique "666". Pour quelle raison ? Parce que les lettres Chi-Xi-Stigma auraient été lues par tous les Grecs et Romains à l'époque où ces révélations ont été données comme "(marque) de la croix du Christ". En résumé, la Bible annonçait un FAUX christianisme prétendant représenter la vraie foi.

Avec de faux enseignements à une église qui promeut le "666".

En fait, la chute de l'église sera si profonde qu'elle coopérera pleinement - encore une fois, avec des exceptions - à l'établissement du système financier et "pharmakéen" satanique de "la Bête". Ce n'est pas pour rien que les premiers traducteurs de l'Apocalypse 13 ont remplacé les lettres Chi-Xi-Stigma par la valeur numérique "666". Pour quelle raison ? Parce que les lettres Chi-Xi-Stigma auraient été lues par tous les Grecs et Romains à l'époque où ces révélations ont été données comme "(marque) de la croix du Christ". En résumé, la Bible annonçait un FAUX christianisme prétendant représenter la vraie foi.

Le signe dans votre bras (et votre front)

Il est possible que le processus de "réveil" qui a maintenant commencé dans le monde entier en soit un premier signe. Cependant, il semble que nous devrons d'abord faire l'expérience de l'accomplissement de la prophétie de la "Bête", à savoir l'incapacité d'"acheter ou de vendre" sans le "signe" percé dans votre bras*.

(Le mot grec dans Apocalypse 19:20 pour "signe" de la Bête = charagma = gravure / attaque / incision / piqûre d'un "signe" à l'aide d'une aiguille pointue, dans un but spécifique d'identification. Par conséquent, les traductions originales d'Apocalypse 13 et 19 disaient à juste titre : DANS la main, et non SUR la main. Au cas où vous diriez : mais la piqûre n'entre pas dans ma main : Le mot utilisé pour la main (χείρ) peut inclure tout le bras. Voir plus loin mes articles précédents à ce sujet).

(Quant au signe "dans votre front", plusieurs (combinaisons) d'explications sont possibles :

* Les injections peuvent contenir une enzyme luciférase et/ou des nanopuces de graphène qui se répandent dans tout le corps, mais sont mieux lues avec un scanner sur le front. (Après tout, les bras sont généralement couverts par les vêtements.) Pensez aux

scanners IR que vous avez reçus sur le front l'année dernière pour prendre votre température.

* Un signe sur/dans le front est un signe spirituel biblique (invisible) qui est également appliqué par Dieu aux siens. Voir, par exemple, Apocalypse 7:3 "... ne fais pas de mal à la terre... jusqu'à ce que nous ayons scellé les serviteurs de Dieu sur leur front". D'autant plus que ceux qui acceptent la marque sont damnés, il est donc plausible qu'une marque appliquée physiquement dans le bras signifie automatiquement une marque appliquée spirituellement sur le front.

* Il a été démontré que le graphène et les nanoparticules se propagent également dans le cerveau. Il y a quelques années, en utilisant des rayonnements électromagnétiques (comme la 4G/5G), ils ont réussi à modifier le comportement et les "pensées" de souris. Et si c'était également le cas pour les humains ? En ligne droite derrière le front, au plus profond du cerveau, se trouve la glande pinéale qui, historiquement, était aussi appelée le "siège de l'âme" (Descartes) et qui, dans les cercles ésotériques, est toujours considérée comme le "troisième œil" grâce auquel on peut entrer en contact avec les forces spirituelles.

Selon la base de données VAERS du gouvernement américain, cette année déjà, 2620 bébés à naître sont morts après que leur mère ait reçu une injection de Covid. Selon les analyses du Dr Jessica Rose, ce nombre

91

a en fait dépassé 107 000. Une série de décès soudains parmi les nouveau-nés fait également l'objet d'une enquête en Écosse.

L'Ancien Testament regorge d'exemples de personnes sacrifiant d'autres personnes et même des enfants parce qu'elles pensaient qu'un "dieu" le leur demandait. Il fut un temps où nous apprenions à l'école que ces temps barbares appartenaient au passé - et puis 2020/2021 est arrivé. Les injections nocives et meurtrières sont ouvertement promues par le faux christianisme, de manière extrêmement cynique, comme un "don de Dieu" pour notre "santé".

À notre avis, il est difficile de donner une preuve plus claire que nous vivons à l'époque annoncée de l'église apostate et totalement égarée.

Une dissimulation massive ?

Les "vaccins" pour enfants sauvent 14 vies du Covid, mais en tuent plus de 800 - Même pour les personnes âgées fragiles, le bilan est négatif : *1 sauvé, 2 tués -*

Dans les 5 prochaines années, augmentation catastrophique des décès dus à ces injections.

One America News Network rapporte que les données officielles du VAERS montrent que les injections de Covid sont déjà directement responsables de plus de 300 000 décès aux États-Unis. Pendant ce temps, "des centaines de milliers de personnes ont perdu leur emploi ou ont été licenciées simplement pour avoir demandé que leurs droits et leurs libertés personnelles soient respectés", rapporte la chaîne. Et ce n'est pas une surprise, étant donné les preuves croissantes que les vaccins contre le coronavirus ne sont pas seulement non prouvés, mais qu'ils s'avèrent être réellement dangereux".

Notre objectif est de sensibiliser les gens à la sécurité de ces vaccins", a expliqué à l'OAN Steve Kirsch, fondateur de la Vaccine Safety Research Foundation. Ce qui nous a amenés à cela : le nombre de blessures et de décès survenant après une vaccination. Après avoir été vacciné moi-même, j'ai commencé à entendre toutes sortes d'histoires de personnes tombant malades ou mourant à cause de ces vaccins. L'exemple le plus extrême est celui d'un ami suédois. Trois des membres de sa famille en bonne santé sont morts dans la semaine qui a suivi leur vaccination".

Déjà plus de 300 000 morts

Kirsch a récemment témoigné de ses conclusions devant la FDA, où il a exprimé ses inquiétudes quant aux obligations en matière de vaccins. Alors que les vaccins actuels sont promus par des agences gouvernementales telles que le CDC, Kirsch affirme que ses recherches ont produit des preuves alarmantes à partir des (données des) mêmes agences. Cela montre que les vaccins sont responsables d'un nombre stupéfiant de décès.

Si vous regardez les données du VAERS - l'organisme officiel d'enregistrement des effets secondaires des vaccins - elles font état de plus de 7 500 décès. Mais le système VAERS - basé sur la méthodologie du CDC - présente une sous-déclaration de 40 à 1. Donc, si vous devez faire 40 x 7500, après quoi vous tenez également compte du bruit de fond, vous obtenez plus de 300 000 personnes tuées par ces vaccins.'*

Si l'on additionne ces chiffres, cela signifie qu'il y a déjà eu environ trois quarts de million de décès dus au Covid-vax aux États-Unis et dans l'UE, ce qui justifierait amplement le terme de "génocide".

Les enfants paient un tribut effroyablement élevé

Le plus effrayant dans tout cela est le lourd tribut que ces injections font payer aux enfants américains, affirme M. Kirsch. Ceux-ci (à l'exception des enfants souffrant déjà de graves troubles immunitaires) étaient en fait complètement immunisés contre le coronavirus et n'ont pas été beaucoup, voire pas du tout, malades à cause de lui. Plusieurs médecins, dont des pédiatres et des cardiologues, affirment que quatre fois plus d'enfants finissent aux soins intensifs avec la grippe annuelle qu'avec le Covid-19.

Malgré ce risque très faible, les injections de Covid sont toujours administrées aux enfants. Les données du VAERS montrent que pour chaque million d'enfants "vaccinés", 30 meurent. Le gouvernement veut maintenant injecter 28 millions d'enfants âgés de 5 à 11 ans. Selon les statistiques, cela pourrait potentiellement sauver la vie de 14 enfants. Dans le même temps, ces mêmes "vaccins" sont alors directement responsables de la mort de plus de 800 enfants.

Kirsch : "Il est tragique que nous fassions du tort à nos enfants. Le nombre de cas de myocardite est beaucoup plus élevé que ce que la FDA et le CDC admettent. Les dommages causés à ces enfants sont permanents. Ils peuvent rester à l'hôpital moins d'une semaine, mais beaucoup d'entre eux peuvent mourir dans les cinq ans. Nous le saurons avec certitude dans 5 ans. Ce que nous provoquons maintenant est tragique".

Bilan également négatif pour les personnes âgées : 1 sauvé, 2 tués

Les données du VAERS montrent également que pour chaque personne âgée "sauvée", deux meurent des suites de l'injection. Les données sur le nombre de décès dus aux vaccins proviennent du site web du CDC, où les médecins et les hôpitaux sont tenus d'enregistrer le nombre de décès. Ces chiffres montrent une augmentation spectaculaire des décès dus aux "vaccins" Covid. Le nombre d'effets secondaires indésirables et de décès dans tous les groupes d'âge est déjà plus élevé que celui de tous les autres vaccins (70+) des 30 dernières années réunis.

C'est extrême", commente Kirsch. Ce vaccin est beaucoup, beaucoup plus dangereux que tout ce que nous avons vu au cours des 30 dernières années. C'est au-delà de toutes les limites.

Le commentateur conclut : "Si l'Amérique ne défend pas la liberté de faire ses propres choix en matière de santé, nous pourrions assister à une augmentation catastrophique du nombre de décès au cours des cinq prochaines années. Tout cela grâce à ce vaccin adopté à la hâte, non testé, non éprouvé et extrêmement dangereux.

Il n'est pas nécessaire d'expliquer que l'imposition de plus en plus coercitive de ces injections constitue un crime très grave contre l'humanité, voire un génocide, qui peut - et doit - conduire tous les politiciens, parlementaires, scientifiques, conseillers et responsables des médias responsables et coopérants sur le banc des accusés d'un tribunal pour crimes de guerre.

Que faut-il faire ?

Il est moralement dégoûtant et dépravé que même des enfants se voient injecter cela" - **Projet Unity :** *Les empires de gauche et de droite s'unissent pour s'opposer à ces "vaccinations" forcées, dont le PDG de Pfizer a reconnu qu'elles relèvent du génie génétique.*

Le Dr Robert Malone qui, compte tenu de l'évolution actuelle de la situation, a mis en garde - à juste titre - contre la transformation des personnes vaccinées en "super-distributeurs" et a comparé les injections de Covid aux "horribles expériences médicales menées sur les Juifs et d'autres groupes ethniques" pendant la deuxième guerre mondiale. Dans une interview plus récente, Malone a déclaré que les "vaccins" tueront encore plus d'enfants que d'adultes, et que ceux qui imposent ces injections à la population en sont parfaitement conscients.

Malone - qui n'est absolument pas un anti-vaxxer (il a lui-même développé des vaccins pendant de nombreuses années) - a été un témoin expert (ARNm) dans la création du nouveau livre "The Real Anthony Fauci" de Robert Kennedy Jr. (Children's Health Defense). Après avoir révisé le livre deux fois, il a été "déprimé pendant une semaine. J'en savais déjà beaucoup sur les choses sombres qui se sont passées avec le SIDA et l'AZT, mais je n'avais aucune idée de la profondeur de la corruption, de la façon dont cette histoire (sur le VIH et le SIDA) est tordue".

J'ai été stupéfait par les parallèles avec ce qui se passe aujourd'hui : la suppression des traitements précoces, l'accent mis sur les vaccins uniquement... Tony (Anthony Fauci) a eu des décennies pour accumuler tant de pouvoir, et il l'utilise purement comme une arme. Il contrôle l'ensemble du système de soins de santé et toutes les entreprises de recherche".

Un autre événement201 : une pandémie prévue pour 2019

Malone pointe ensuite du doigt le tristement célèbre Event201, dont la vidéo montre également des images. Bill Gates et le Forum économique mondial ont mené ce "jeu de guerre" en octobre 2019 avec divers dirigeants mondiaux (dont le Premier ministre canadien Justin Trudeau, son homologue australien, des membres des gouvernements américain, chinois et européen, de la communauté du renseignement, de Big Pharma, des médias et d'institutions scientifiques telles que l'Université Johns Hopkins, etc.) sur la manière de répondre à l'épidémie mondiale d'un dangereux coronavirus, qui est survenue "par coïncidence" (presque plus personne n'y croit) 3 mois plus tard.

Ce n'est pas caché, ce n'est pas une conspiration. Vous pouvez regarder les clips en ligne vous-même.' Selon Malone, la plus grande erreur commise en 2020 a été de vouloir suivre à la lettre le "plan de bataille" convenu en 2019, alors qu'il est vite apparu que le coronavirus n'est pas du tout extra dangereux, et peut être comparé à une grippe saisonnière normale.

Mentir et mentir encore pour faire passer les vaccinations forcées

En outre, Bill Gates contrôle l'OMS en étroite collaboration avec Johns Hopkins, qui appartient en fait à la CIA. Ils suivent maintenant pas à pas le plan visant à forcer les vaccinations... En outre, ils ont supposé que l'immunité naturelle ne fonctionnerait pas".

Nous avons donc un groupe de bureaucrates, de spécialistes du renseignement, de personnalités des médias et de représentants de Gates et de l'OMS, qui ont d'importants intérêts financiers (dans les "vaccins" et autres mesures), qui nous imposent leur plan, qu'il soit bon ou mauvais, que nous le voulions ou non et qu'il ait ou non un sens.

Mais "il est tout à fait clair qu'ils mentent". Fauci a commis un parjure. La directrice du CDC (Rochelle Walensky) ment si régulièrement qu'elle louche. Où l'ont-ils trouvée ? Tout ce qu'elle fait, c'est mentir, mentir et mentir encore, avec un visage d'acier et sans cligner des yeux, droit dans les caméras... Ils sont corrompus de part en part, ce qui est symptomatique de notre époque'.

Il est dégoûtant et dépravé que même les enfants soient vaccinés.

100

Malone qualifie littéralement d'"obscène" le fait que même des enfants soient désormais injectés. C'est tellement dégoûtant et dépravé sur le plan bioéthique... Au NIH, un vaccinologue chevronné et très respecté a déclaré à la presse que l'obligation de vaccination était une erreur absolue. En juillet, il a envoyé un mémo à Fauci et a écrit qu'il était contre. Le 1er décembre, il donnera une conférence qui sera diffusée en continu. Je lui ai parlé aujourd'hui et il est très inquiet... C'est un vrai héros.

Ensuite, il y a Peter McCullough, dans son domaine (l'immunologie), l'un des auteurs les plus publiés au monde, et Pierre Kory, qui a écrit LE manuel sur la gestion des CI. Martin Culdorf, professeur principal à Harvard, s'oppose également avec véhémence à tout ce qui se fait. Le groupe de scientifiques de haut niveau qui se sont maintenant ouvertement déclarés opposés est désormais énorme.

À l'Alliance of Physicians and Scientist (globalcovidsummit.org), plus de 13 000 scientifiques du monde entier ont déjà signé deux déclarations. La seconde dit en fait 'ne faites pas de piqûre aux enfants', 'permettez aux médecins de traiter' et 'ne vaccinez pas ou ne limitez pas les personnes qui ont une immunité naturelle'. Il y a maintenant plus de scientifiques qui ont signé cette déclaration que de personnes travaillant dans le HHS (système fédéral de soins de santé). Nous ne sommes donc pas une bande d'idiots d'extrême droite, mais c'est l'image qu'ils veulent donner de nous".

La presse chasse les scientifiques critiques en coordination avec Big Pharma.

La presse fait la chasse aux médecins et aux scientifiques (critiques) en coordination avec Big Pharma, et cela se passe dans le monde entier. Hier, nous avons eu un zoomcall avec un médecin canadien très expérimenté en soins intensifs qui a été suspendu pour avoir traité seulement DEUX patients avec... ssshhhttt, le "médicament pour chevaux"... l'Ivermectin. Et pour le "péché" d'avoir voulu sauver la vie de ses patients, ses 12 années de formation et toute son expérience ont été jetées aux orties".

Cette utilisation des règles et des lois comme armes contre le peuple se produit partout. Puisque le gouvernement lui-même n'a pas assez de personnes pour faire appliquer ses mesures totalitaires, le plan consiste maintenant à utiliser (comme dans la deuxième guerre mondiale et dans le bloc de l'Est/Union soviétique) des mouchards, pas de problème pour les trouver).

Pourquoi un médicament contre les crises cardiaques est-il mis dans des injections pour les enfants ?

Récemment, des documents de la FDA ont révélé que Pfizer a subrepticement mis le médicament

Tromethamine, qui pourrait prévenir les crises cardiaques, dans ses injections pour enfants. Malone doute que ce médicament soit présent en quantité suffisante dans les "vaccins" pour avoir un impact majeur, et soupçonne donc qu'il soit principalement destiné à servir de tampon, étant donné que la stabilité de l'ARNm dans les injections pose de gros problèmes. Malheureusement, la FDA et Pfizer ne disent pas pourquoi ils ont agi ainsi. Malone trouve cela "trompeur".

Cela jette encore plus d'huile sur le feu, de sorte que les gens ne font pas confiance à Pfizer et ne font pas non plus confiance à Moderna. Le même secret s'applique aux exigences (extrêmes) de Pfizer à l'égard de tous les gouvernements et au fait que les fabricants ont été exonérés de toute responsabilité en cas de problème (UE et États-Unis : au moins 50 000 décès officiels dus au vaccin Covid et 2,5 à 3 millions de dommages pour la santé).

Beaucoup d'enfants vont mourir avant que les gens ne se réveillent.

De nombreuses personnes fortunées, de gauche comme de droite, se sont unies dans le "Projet Unité" parce qu'elles "sont furieuses" de ce qui se passe actuellement avec ces injections forcées de Covid. Nous sommes à l'aube d'une grande résistance", poursuit Malone. La triste vérité est que beaucoup d'enfants mourront avant que les gens ne se réveillent. C'est ce qui arrivera, et les fondateurs du Projet Unité sont livides à ce sujet".

Ils font maintenant délibérément passer quelque chose rapidement pour nuire aux enfants et les tuer. Maintenant, ils commencent même des essais cliniques avec de très jeunes enfants (tout-petits et nourrissons). Des enfants vont mourir. Des enfants seront blessés. Il semble que cela doive arriver avant que les gens se réveillent et sortent du brouillard cérébral dont ils souffrent actuellement, et commencent à lutter contre cela.

M. Malone réaffirme qu'il est "extrêmement désabusé" et "très déprimé" par ce qui se fait actuellement. Qu'est-il arrivé à mon industrie, à tout ce que j'ai appris, à la technologie que j'ai inventée ? Ce n'est PAS acceptable. Que pouvez-vous faire ? Mes collègues attendent et ne veulent pas faire d'histoires à ce sujet, parce qu'ils ne veulent pas perdre leur emploi et ne veulent pas être injuriés par la presse. Mais vous pouvez aussi vous lever et faire ce qu'il faut".

Nous avons acquis une culture semblable à celle du gouvernement : mentir, tricher, enfreindre les règles est devenu la norme.

Je suis moi-même fou de rage, conclut-il. Extérieurement, je reste calme et je me concentre sur les faits, mais intérieurement, je suis en feu et furieux... Ils détruisent mon industrie, ils détruisent les normes que nous avions". L'intégrité a complètement disparu dans la science médicale.

Nous avons créé une culture où - comme le gouvernement le fait très bien - il est acceptable de mentir et de déformer les choses. Dans laquelle il est acceptable d'enfreindre les règles et de faire tout ce que vous voulez si cela vous donne un pouvoir personnel ou politique. Il faut que cela cesse. Nous sommes arrivés à une culture où il est normal que l'industrie pharmaceutique ait pris le contrôle de l'ensemble de la législature (y compris "notre" gouvernement et la quasi-totalité du parlement) et des soins de santé. Nous devons trouver comment nous allons réparer cela".

Mon conseil direct : résistez. Ne faites PAS vacciner vos enfants. C'est comme jouer à la roulette. Vous ne savez pas si la balle va tomber dans la case qui représente votre enfant, et alors votre enfant aura une myocardite ou l'un des autres effets secondaires (des centaines identifiés). Ne les laissez pas faire cela ! C'est complètement faux. S'il est en bonne santé, ne lui faites pas cette injection ! Le "raisonnement selon lequel ils doivent recevoir cette injection pour vous protéger est tout simplement obscène. Ne tombez pas dans le panneau.

Les enfermer ?

Les personnes non vaccinées en Autriche risquent non seulement d'énormes amendes mais aussi une peine de prison (et pas seulement une fois)

Comme on le craignait, le gouvernement allemand va également décider de rendre obligatoire pour tous les injections de manipulation génétique Covid. Seul le parlement doit encore se prononcer, mais c'est devenu une formalité, puisqu'il n'existe que pour entretenir le simulacre de "démocratie" tout en appliquant aveuglément les décisions d'un régime dictatorial. L'obligation de vaccination est le "cadeau d'adieu" d'Angela Merkel en tant que chancelière, qui avait auparavant promis que la "vaccination" resterait un choix personnel.

À partir de maintenant, seuls les Allemands entièrement vaccinés seront autorisés à entrer dans les restaurants, les théâtres, les cinémas et les "magasins non essentiels". (Comme en Australie et en Israël, d'ailleurs, ces personnes seront tenues de faire tous les rappels - qui seront dorénavant effectués en permanence, au moins deux fois par an - car sinon elles perdront tous leurs privilèges).

Les Autrichiens risquent l'emprisonnement s'ils ne se laissent pas piquer

En Autriche, nous avons déjà assisté à l'installation d'un système de contrôle totalitaire qui est en train de devenir, à un rythme inimaginable, la dictature mondiale la plus dure et la plus inhumaine qui ait jamais frappé l'humanité. On sait déjà que les Autrichiens qui refusent de se soumettre à l'injection obligatoire de manipulation génétique Covid risquent d'énormes amendes. Il apparaît maintenant qu'ils seront également emprisonnés chaque fois qu'ils ne paieront pas cette amende.

L'Autriche a récemment décidé de placer les personnes non vaccinées dans une situation de confinement qui équivaut à une forme d'assignation à résidence. Cette politique, qui visait à réduire le nombre de ce que l'on appelle les "infections", a complètement échoué. Le Kanzler Alexander Schallenberg a ensuite annoncé que les piqûres de Covid deviendraient obligatoires le 1er février, une décision que l'Allemagne n'a pas tardé à suivre, comme en témoigne l'annonce faite par des ministres allemands et d'autres politiciens de faire exactement la même chose.

Le gouvernement de Vienne a également "divulgué" aux médias un nouveau projet de loi, qui prévoit que toute personne refusant de se présenter à une vaccination obligatoire recevra d'abord deux rappels, puis, en cas de refus répété, une amende de 3600 euros (et de 7200 euros si vous avez déjà des refus et des amendes à votre actif) ou quatre semaines de prison.

En bref : les personnes refusant les manipulations génétiques par injection risquent bientôt l'emprisonnement permanent. Comme on estime qu'il y a au moins 2 à 3 millions de personnes en Autriche, on ne pourra jamais les enfermer dans des prisons ordinaires, mais il faudra des camps de concentration. Ensuite, il n'y a qu'un petit pas vers une nouvelle "solution finale", et ces refus peuvent être "supprimés" définitivement. (Cette fois, vraisemblablement, ce ne sera pas par des "douches" à gaz, mais par des guillotines).

L'Autriche et l'Allemagne ont à nouveau adopté l'esprit de l'homme à la moustache.

L'histoire se répète, mais sous une forme différente et avec, j'en suis convaincu, une misère et un bain de sang inimaginablement plus grands qu'à l'époque. L'esprit maléfique de l'infâme moustachu est de nouveau à l'œuvre, à pleine puissance, et il est même embrassé, non seulement dans son pays natal, mais aussi dans le pays voisin d'où il a déclenché la guerre la plus sanglante de l'histoire humaine à ce jour.

Le "plus jamais ça" de l'après-guerre s'est transformé 75 ans plus tard en "on va recommencer, mais en mieux cette fois ! Reconstruire en mieux - non pas, cependant, la société libre aujourd'hui disparue à jamais, mais une "meilleure" version du fascisme haineux qui sévissait il y a 80-90 ans sous des drapeaux rouges à cercles blancs et croix gammées noires.

Dans l'UE, où la présidente de la CE, Ursula von der Leyen, a également suggéré cette semaine une obligation générale de vaccination, le rouge a été remplacé par le bleu, le cercle blanc par un cercle d'étoiles jaunes, et les uniformes militaires par des robes et des costumes sur mesure avec cravate. Mais l'idéologie de base est exactement la même, et même beaucoup plus aiguisée : on veut un contrôle total et absolu de tout et de tous, et on rend la vie impossible à ceux qui ne le veulent pas.

Un régime sans foi ni loi qui ne se soucie plus des protestations et des droits de l'homme.

Rétrospectivement, les tristement célèbres tueurs de masse allemands, russes et chinois des cent dernières années s'avéreront être des enfants de chœur comparés à ce que les mondialistes du climat et des vaccins, menés par leurs trois hommes de paille (visibles) Klaus Schwab, Bill Gates et George Soros, sont en train de détruire dans le monde entier avec l'aide de chaque gouvernement et parlement qui suit leurs directives.

Du moins, s'il reste suffisamment de personnes pour écrire et lire cette rétrospective sur ce qui menace de devenir la période la plus horrible de toute l'histoire de l'humanité.

Le véritable objectif ?

Le 11 septembre et la "guerre contre le terrorisme" ont été leur première déclaration de guerre à l'humanité. Les **Américains veulent éliminer leurs concurrents économiques, l'Europe et la Chine,** et *ils veulent garder 100 millions d'entre eux et jusqu'à un milliard pour les servir.*

"Il n'y a pas de pandémie, ce n'est qu'un mensonge, une opération de terrorisme psychologique.

Un scientifique militaire russe connu dans le pays et (ancien) colonel du GRU (service de renseignement militaire) savait exactement ce qui se passait et quel était le véritable objectif de "cette soi-disant pandémie", en mars 2020, devant les caméras. Laissez-moi vous dire qu'il n'y a pas de pandémie. Ce n'est qu'un mensonge, et cela devrait être considéré comme une opération stratégique globale... Il s'agit d'opérations de commandement et d'état-major menées en coulisses par les puissances mondiales pour contrôler l'humanité... Ils pensent qu'il y a trop de gens ordinaires dans le monde. Il devrait rester environ 100 millions de personnes de leur propre espèce, et jusqu'à 1 milliard pour les servir'.

Le colonel Vladimir Kvachkov a été par le passé le chercheur en chef du célèbre Centre d'études de défense et de stratégie de l'état-major des forces armées. L'intervieweur lui demande son avis sur le

phénomène du coronavirus qui a éclaté en Chine
seulement 2 mois plus tôt.

Il ne faut pas regarder cela du point de vue de la santé
publique ou de l'épidémiologie", a-t-il répondu. Le
coronavirus, qu'ils appellent faussement une pandémie,
doit être examiné du point de vue des puissances
mondiales, religieuses, politiques, financières,
économiques et nationales.

Citant la "soi-disant pandémie", laissez-moi vous dire
qu'il n'y a pas de pandémie. Ce n'est qu'un mensonge,
et cela devrait être considéré comme une opération
stratégique globale... C'est exactement comme ça qu'il
faut voir les choses. Il s'agit d'opérations de
commandement et d'état-major menées dans les
coulisses par les puissances mondiales pour contrôler
l'humanité. C'est le but du coronavirus".

**Ils veulent garder 100 millions d'entre eux et un
milliard pour les servir.**

Je répète une fois de plus que nous (les humains) avons
peu de foi en Dieu et encore moins en l'existence de
Satan, l'ennemi de la race humaine". L'objectif des
puissances sionistes* et financières en coulisse est donc
de réduire la population mondiale. C'est leur idée-fixe.
Ils pensent qu'il y a trop de gens ordinaires dans le
monde. Il devrait y avoir environ 100 millions de leurs
semblables et jusqu'à 1 milliard pour les servir. Alors ils
vivront en abondance ici sur terre.

Nous, les humains, les terriens, sommes de trop pour les puissances mondiales qui se cachent dans les coulisses. C'est pourquoi le coronavirus et la crise financière qui a presque immédiatement éclaté sont inextricablement liés. L'objectif est d'arrêter la circulation des personnes dans le monde et de restreindre les libertés politiques.

En termes politiques, il est pratiquement impossible de faire tout cela. Par exemple, il y a des différences dans les constitutions. Que celles-ci (les constitutions) soient appliquées ou non est une autre question. Cependant, il existe certains droits politiques auxquels les gens sont habitués et dont ils pensent qu'ils seront toujours les leurs".

Le 11 septembre est la première déclaration de guerre contre l'humanité.

La première tentative de priver les gens de ces droits a eu lieu le 11 septembre 2001. Peu de gens semblent se souvenir qu'après la soi-disant attaque contre les tours du WTC, le Pentagone et la Maison Blanche, la guerre mondiale contre le terrorisme a été déclarée. Avec un œil sur le coronavirus, analysons cette première tentative, cette déclaration de guerre à l'humanité déguisée en guerre contre le terrorisme. C'était il y a 19 ans.

Les puissances mondiales ont créé en coulisse les événements du 11 septembre 2001. Il leur fallait maintenant un autre prétexte pour exercer un contrôle (encore) plus grand et prendre le contrôle de l'humanité. C'est ainsi qu'ils ont imaginé le coronavirus, qui n'est en fait ni une pandémie ni une épidémie".

Au moment de cette interview, les médias rapportaient qu'environ 300 personnes mouraient de la couronne chaque jour. Bien sûr, je suis désolé pour chaque personne qui meurt, mais 300 sur 7,5 milliards de personnes, ce n'est vraiment rien" (c'est ainsi que le nombre de décès dans le monde s'élève actuellement à 112 000, et cette journée est loin d'être terminée - X.). Ces opérations de commandement et d'état-major menées en coulisses par les puissances mondiales visent à restreindre divers droits politiques et à effrayer les populations. Les imbéciles s'emparent déjà de la nourriture dans les magasins ici, et même du papier toilette."

Une fois encore, ces forces sionistes et financièrement libérales veulent limiter les droits des personnes auxquelles elles se sont habituées, notamment en Europe occidentale. C'est leur deuxième objectif. Le premier objectif est de réduire la population sur terre (dépeuplement par un génocide vaccinal / holocauste). C'est leur objectif satanique. Le deuxième objectif, politique, est de prendre le pouvoir. Le troisième objectif est lié à la finance et au pouvoir sur l'économie".

113

La BCE et la Fed réduisent la richesse de l'homme ordinaire étape par étape.

Le colonel donne l'exemple bien connu d'un crayon de 1 dollar, pour lequel on a créé 20 fois plus d'argent en actions, produits dérivés et autres produits financiers spéculatifs. Ainsi, tous les "actifs" financiers et économiques de l'économie réelle ont été placés dans cette économie virtuelle, qui est devenue une gigantesque bulle (d'au moins 300 000 milliards de dollars, voire 1 200 000 milliards selon d'autres estimations), qu'il faut dégonfler avant qu'elle n'explose de manière incontrôlée avec une énorme détonation et ne fasse disparaître tout ce qui a de la valeur.

C'est pourquoi la BCE mène une politique de taux d'intérêt nuls/négatifs depuis 2014, et que la Fed américaine y est allée partiellement l'année dernière. 'Nous avons donc des taux d'intérêt négatifs sur les dépôts.' C'est ainsi qu'ils brisent artificiellement la prospérité (de l'homme du commun) étape par étape. 'Nous voyons que l'économie s'est effondrée. Ils ne peuvent plus répondre à la demande intérieure comme avant, les gens doivent se serrer la ceinture, et ainsi de suite.

"Les forces pro-américaines ont vaincu la Chine

Kvachkov rappelle ensuite qu'il avait déjà été scientifiquement prouvé en mars 2020 que le coronavirus avait une origine artificielle et avait été délibérément diffusé à Wuhan (mais par qui ?).

Quelques minutes plus tard, il a expliqué que les forces pro-américaines en Chine (celles qui ont gagné beaucoup d'argent grâce à cela) avaient essayé d'utiliser le virus à Wuhan pour obtenir des avantages économiques et politiques. Le président Xi Jinping aurait vu clair dans leur jeu et les aurait arrêtés, après quoi la "pandémie de corona" a rapidement pris fin en Chine et la vie est redevenue presque normale.

Puis ça a commencé en Europe. Dans le renseignement militaire, on cherche à savoir "qui". C'est clair maintenant. Et à "où ? C'est également clair maintenant : L'Europe et la Chine sont deux adversaires géo-économiques des États-Unis. Et c'est là qu'ils ont injecté le virus' (Corona, cependant, s'est également répandu en Amérique, ce qui a vraisemblablement été fait intentionnellement pour justifier une prise de pouvoir totalitaire et éliminer les contre-forces conservatrices).

Italie : non pas 130 000 mais 3800 décès par corona

Mais que s'est-il passé en Italie ? Comment se fait-il qu'une tribu encore plus dangereuse que les Chinois apparaisse soudainement en Italie ? Fin mars, un millier d'Italiens seraient morts de la corona **, " mais 100 fois plus de gens meurent là-bas de grippe, de pneumonie, d'inflammation des ganglions lymphatiques et d'hépatite. Mais on ne parle pas de cela. Au lieu de cela,

115

on nous présente une propagande d'éducation politique ciblée, une propagande psycho-informative".

(** Les autorités affirment que quelque 130 000 Italiens sont morts du corona, mais selon un rapport récent, seuls 2,9 % d'entre eux (moins de 3 800 personnes) étaient directement liés au virus. Plus des trois quarts des victimes souffraient déjà d'au moins trois problèmes de santé, comme le diabète ou des problèmes pulmonaires ou cardiaques. En bref, il s'agit de personnes traditionnellement très vulnérables, même lors d'une vague de grippe normale (au cours de laquelle quelque 20 000 à 25 000 Italiens meurent chaque année).

Opération terroriste de psycho-info, et maintenant ils cherchent à voir qui obéit.

Ainsi, le scientifique militaire russe a immédiatement reconnu une "opération psycho-informative (psy-op) spécifique des médias de masse mondialistes servant les puissances libérales sionistes en coulisse, qui sont en train de créer cette terreur....". Ils observent maintenant qui obéit et qui n'obéit pas".

Le virus n'a pas seulement une dimension économique mais aussi religieuse : les mondialistes veulent "détruire les habitants de la Terre, réduire la population et prendre le contrôle politique de l'humanité (restante)". Ils cherchent également à "éliminer la concurrence géo-économique". Je vous le dis en tant qu'officier du

Centre de défense et d'études stratégiques de l'état-major des forces armées. C'est mon évaluation (professionnelle) de cette pandémie".

Leur objectif : éliminer la Chine et l'Europe sur le plan économique, puis s'occuper de la Russie.

Lorsqu'on lui demande ce qui va se passer à l'avenir et quels pays seront soumis à une forte pression, M. Kvachkov donne une réponse claire : "La Russie, bien sûr, ce sera certainement la Russie. Pour l'Amérique, la Russie n'est pas un concurrent économique. En coulisses, les puissances mondiales s'attacheront donc à perturber la Chine et l'Europe occidentale. Et la Russie est leur cible pour deux raisons : elles veulent réduire notre population et "purifier" notre territoire. Cela viendra.

Comment la Russie est-elle censée se protéger de cela ? demande l'intervieweur. Le colonel décide alors qu'il ne peut répondre qu'en tant que "médecin militaire, épidémiologiste et parasitologue" : "Tant que nous ne pourrons pas nous débarrasser de nos parasites internes qui nous dominent*, nous ne pourrons pas faire face à d'autres parasites". (* Il ne semble pas vouloir désigner par là le président Poutine, mais plutôt les oligarques russes pro-occidentaux qui veulent renverser Poutine et brader la Russie pour leur propre profit).

117

Chantage de la CIA ? La Russie et la Chine ne vont pas attendre

Les États-Unis sont, dans leur grande majorité, un empire qui vit ses derniers jours. Presque chaque empire mondial frappe alors historiquement comme une bête blessée et vicieuse, finissant par se retourner même contre son propre peuple, ses amis et ses alliés. Se pourrait-il que Washington tente de provoquer une nouvelle grande guerre en Europe, en Ukraine ou en Pologne, qui laissera notre continent en ruines et la Russie gravement affaiblie, après quoi ce sera un jeu d'enfant sur le plan militaire d'éliminer la Chine à l'esprit unique qui subsiste ?

Se peut-il que les dirigeants de certains pays, y compris en Europe, soient soumis à un chantage et menacés par la CIA, qui leur fait croire que quelque chose de grave va leur arriver, à eux ou à leur famille, s'ils ne coopèrent pas sans réserve avec le programme de vaccination climatique mondialiste (= impérialiste américain) ? Tous les présidents des trois seuls pays qui ont refusé les injections de Covid sont maintenant morts, avons-nous rapporté en juillet.

Les arrogants Américains et leurs vassaux européens qui les suivent servilement pensent-ils vraiment que la Russie, la Chine et d'autres pays vont rester assis et attendre tranquillement une fois qu'ils auront acquis la conviction que l'Occident veut leur perte ?

Notre avenir ?

Gates reconnaît avec regret que les injections actuelles de Covid "ne peuvent pas prévenir les infections" - *L'armée de l'air américaine perd un "jeu de guerre" dans lequel la Chine envahit le pays sous couvert d'une attaque biologique.*

Bill Gates a "demandé" (= instruit) l'Occident de mettre des dizaines de milliards dans les préparatifs (lett. "Germ Games") pour la prochaine pandémie, qui, selon lui, pourrait survenir après "l'attaque bioterroriste" annoncée par lui-même en 2020. Dans une interview récente, Gates a suggéré que cette attaque (probablement sous faux drapeau) provoquera une pandémie avec le virus mortel de la variole. C'est pourquoi, selon lui, un milliard de dollars par an est nécessaire pour un groupe de travail spécial de l'OMS sur les pandémies, et pourquoi il préconise un "patch" (sans doute obligatoire) sur votre bras qui faciliterait grandement les réinjections constantes. Ce "patch" pourrait également servir de signe visible de votre obéissance à tout ce que le système exige de vous.

Gates annonce à nouveau la prochaine pandémie

Bill Gates demande à l'OMS d'organiser des "Germ Games" pour prévenir une nouvelle pandémie", rapporte Tech Times le 4 novembre. Cette prochaine pandémie, selon Gates, pourrait être "pire" que Covid-19 (ce qui n'est pas si difficile, puisqu'il a été démontré que cette maladie est comparable en tous points à une grippe saisonnière ordinaire. Entre-temps, même le CDA d'Hugo de Jonge l'a admis). S'il ne s'agit pas du virus de Marburg qu'il a mentionné précédemment - pour lequel les "vaccins" seraient déjà prêts - la prochaine p(l)andémie pourrait consister en un retour d'une variante mortelle de la variole.

La p(l)andémie de Covid devrait obliger l'humanité à investir des milliards de dollars supplémentaires dans des tests, des "vaccins" et d'autres traitements contre les virus, a déclaré M. Gates. Il a reconnu que les injections actuelles de Covid ne peuvent pas prévenir les infections, mais qu'elles "vous aident à rester en bonne santé". (A quoi ressemble cette "aide" pour votre santé dans la réalité ? Jusqu'à la mi-octobre, environ 50 000 décès officiels dus aux vaccins et 1,5 million de personnes ayant subi de graves dommages à la santé à long terme ou permanents, rien qu'en Occident, des chiffres qui, selon les analyses statistiques, devraient être multipliés par au moins 9 à 10).

Gates a annoncé lors de son "Ted Talk" en 2015 une prochaine pandémie mondiale, qui est finalement devenue une réalité en 2020. C'est pourquoi il souhaite qu'un milliard par an soit donné à une Task Force pandémie de l'OMS (largement financée et contrôlée par lui) pour organiser des " Germ Games " afin que le monde soit préparé à la prochaine pandémie à venir. Si cette pandémie ne vous convainc pas, la prochaine le fera", a déclaré l'ancien cadre supérieur de Microsoft en souriant lors d'une interview télévisée l'année dernière, pendant la première phase de la crise corona.

Que se passe-t-il si un bioterroriste libère la variole dans 10 aéroports ?

Que se passe-t-il si un bioterroriste libère la variole dans 10 aéroports ? En posant cette question au cours de la récente interview de Policy Exchange, Gates tente ouvertement de susciter de nouvelles peurs afin non seulement de soutirer des milliards supplémentaires pour "vacciner" encore et encore l'ensemble de la population mondiale, mais aussi de trouver un argument supplémentaire pour confier encore plus de pouvoir aux Nations unies et à la Task Force spéciale pandémie de l'OMS (et donc à lui).

Dans ce contexte, est-ce une simple coïncidence que la Biomedical Advanced Research and Development Authority (BARDA) américaine ait alloué 112,5 millions de dollars en septembre pour un traitement oral contre la variole ? Rappelons qu'en juin 2001, le gouvernement américain et le Johns Hopkins Center ont réalisé une simulation de l'"hiver noir" autour d'une attaque biologique avec le virus mortel de la variole. Une récente simulation de jeu de guerre (début 2021) portant sur une attaque biologique chinoise fictive, qui précéderait une invasion réelle, ne s'est pas bien terminée pour les États-Unis.

Le BARDA, quant à lui, collabore également avec BD (Becton Dickinson) au développement d'un test capable de distinguer le Covid-19, la grippe et les autres coronavirus. Comme le très controversé test PCR ne peut pas le faire, il a été interdit aux États-Unis à partir du 1er janvier 2022. Malgré cela, ce test PCR est toujours utilisé pour signaler de prétendues "infections", ce qui est un exercice tout aussi inutile et trompeur. Pour le même montant, la quasi-totalité de ces patients dits "corona" ont simplement la grippe.

Patch de vaccination sur votre bras

Au cours de l'interview, Gates suggère que les "vaccins" peuvent également être utilisés pour éradiquer la grippe et même le rhume. Nous fabriquons des vaccins qui ne sont qu'un petit patch que vous mettez sur votre bras, des choses qui sont incroyablement utiles même les années où nous n'avons pas de pandémies". Je l'ai souligné, pour insister sur la permanence prévue d'un tel "patch de vaccin" sur votre bras, même s'il n'y avait plus de virus (scientifiquement une impossibilité absolue de toute façon, et même une condition hautement indésirable en raison de l'affaiblissement sévère du système immunitaire humain).

Il est tout à fait concevable que de nouveaux "patchs" continuent d'apparaître et que (par l'intermédiaire d'un tel patch / patch de vaccin) un tatouage de points quantiques déjà développé technologiquement soit injecté juste sous votre peau, créant un "signe" permanent qui transmettra par nanotechnologie "en direct" votre statut vaccinal. Cette marque sera visible de l'extérieur grâce à un scanner infrarouge utilisant une enzyme luciférase, également injectée.

Presque avec désinvolture, Gates lie littéralement l'agenda de la vaccination à l'agenda climatique, un lien que j'ai souligné à de nombreuses reprises depuis le printemps 2020 en qualifiant les événements entourant la pandémie corona/Covid de " coup d'État d'une secte mondialiste de vaccination climatique ". En réalité, il s'agit d'un seul et même agenda qui doit conduire à un gouvernement mondial communiste - de facto déjà fonctionnel - qui sera dirigé par des globalistes comme Bill Gates et Klaus Schwab.

Ce "patch" s'inscrit également parfaitement dans la construction du redoutable "signe de la Bête".

Nous n'aurons pas à expliquer à nouveau que le " patch " de Gates s'inscrit parfaitement dans le système mondial de " la Bête " qui est en train de se mettre en place depuis 2020 comme annoncé dans le livre biblique de l'Apocalypse (voir les liens ci-dessous vers mes nombreux articles sur ce sujet).

Le redoutable "signe de la Bête" a été injecté dans l'humanité petit à petit depuis la fin de l'année dernière, les deux premières injections étant une sorte de base de test "MSDOS" pour le futur "système d'exploitation"

5G/6G/nanotechnologique auquel tout le monde sera obligatoirement relié.

À mesure que les injections et les rappels se multiplient (l'Union européenne a déjà commandé six rappels pour chaque citoyen), le "point de non-retour" se rapproche de plus en plus. Pour les vaxxers, le refus sera bientôt pratiquement impossible. Les non-vaccinés - comme le prédisent également les Révélations - pourraient finalement avoir à payer le prix fort pour leur refus.

Un avenir sombre ?

La conférence d'élite sur le climat COP26 décide de réduire l'énergie, menaçant de causer des milliards de morts de faim - *Seul le pouvoir des chiffres peut arrêter cette guerre contre l'humanité*

Si l'on excepte le caractère abordable de notre approvisionnement énergétique et donc notre prospérité et notre bien-être, la guerre idéologique contre les combustibles fossiles que mènent les mondialistes de la "Grande Réinitialisation" / de la vaccination climatique de l'Agenda 2030 provoquera une famine mondiale garantie dès 2022 - 2023, qui tuera au moins des centaines de millions de personnes et rendra la nourriture pratiquement inabordable pour des milliards d'autres. Pourquoi cela est-il si certain ? Parce qu'il y a une énorme pénurie d'engrais, qui ne peuvent être fabriqués qu'à partir de combustibles fossiles. Les dirigeants occidentaux ne se contentent pas de l'ignorer, ils se débarrassent même du "fossile" à un rythme accéléré.

Le gaz naturel et d'autres combustibles fossiles peuvent être convertis directement en ammoniac (NH3), qui, combiné au CO2 ou à l'O2 (oxygène), peut être utilisé pour produire divers types d'engrais (urée, acide nitrique et nitrate d'ammonium). De la principale réaction chimique (N_2 (azote) + $3H_2$ (hydrogène) = $2NH_3$ (ammoniac)) dépend la production alimentaire d'environ 3,8 milliards de personnes.

L'énergie éolienne et solaire ne peut être utilisée pour la production d'engrais car le gaz naturel (CH4) est irremplaçable et n'est pas produit par des sources "vertes". Par conséquent, la limitation et l'abandon des "fossiles" mettent en danger la survie de la moitié de la population mondiale. En outre, la course mondiale au pétrole, au charbon et à d'autres combustibles fossiles entraîne déjà une forte hausse des prix, ce qui alimente les pénuries et donc une alimentation inabordable.

L'élite de la COP26 décide de la destruction "verte" de la prospérité et du bien-être

La semaine dernière, 40 pays réunis à la conférence sur l'énergie et le climat COP26 ont décidé d'éliminer progressivement le charbon dans les années à venir, ce qui est une recette garantie pour les famines mondiales. L'arrêt du charbon provoquera des pénuries massives d'énergie, alors que nous sommes déjà confrontés à une pénurie de gaz naturel délibérément provoquée, qui non seulement augmentera de façon monstrueuse les factures d'énergie l'année prochaine, mais menacera également d'exposer d'innombrables personnes au froid (vraisemblablement extrême) cet hiver. Des millions de personnes devront littéralement choisir entre "allumer le chauffage aujourd'hui ou préparer le dîner ?

Le gaz naturel a déjà été rendu si cher que "le niveau de prix actuel ne permet plus une production économiquement viable", a averti SKW Piesteritz, le plus grand producteur d'engrais d'Allemagne. Aux États-Unis, en Grande-Bretagne et en Australie également, la production d'engrais a été partiellement arrêtée parce que le gaz naturel est devenu inabordable en raison de la "transition" vers une société dite "verte" et "durable".

Lisez : notre société est délibérément et volontairement mise au vert en rendant la nourriture et l'énergie, et donc la vie elle-même, extrêmement coûteuses. En effet, les pénuries actuelles d'engrais - selon Free West Media, en partie causées par des sabotages (comme un nombre anormalement élevé d'accidents impliquant des trains de marchandises américains) - provoqueront des récoltes catastrophiques dès 2022, déclenchant des famines à grande échelle et des émeutes de la faim.

Des milliards de personnes sont "anéanties" par la faim, le froid, la maladie, la pauvreté, la mort et la guerre.

Ajoutez à cela la crise des chaînes d'approvisionnement mondiales, également orchestrée par les climato-globalistes occidentaux, les pannes d'électricité planifiées - selon une source - et les "vaccinations" Covid imposées avec des mesures d'apartheid toujours plus dures, et le résultat final pour la majorité de la population mondiale opprimée est la FAIM, le FROID, la MALADIE, la Pauvreté et la MORT, des choses qui, historiquement, mènent toujours à la GUERRE.

Nous n'insisterons jamais assez sur le fait que tout ceci est manifestement "à dessein", planifié et voulu. Les gouvernements et administrations mondialistes ont lancé l'assaut frontal contre l'humanité en utilisant les pénuries alimentaires, les pénuries d'énergie et les injections de thérapie génique qui détruisent la grossesse et l'immunité. L'élite n'a plus besoin de nous car presque tout peut être automatisé. Cette campagne de dépeuplement génocidaire, qui a été ouvertement comparée à l'Holocauste par l'inventeur de la technologie ARNm du "vaccin" Covid, est vendue aux gens ordinaires comme une "réinitialisation nécessaire" en raison d'une fausse "crise climatique" due au CO2 et d'une "crise sanitaire" due au Covid.

Le prince Charles a littéralement appelé à une "campagne massive de type militaire" lors de la COP26 afin de provoquer une "transition économique fondamentale" (= TOUT le pouvoir et toutes les richesses à un petit club d'élite, les citoyens privés de leurs droits qui pourraient survivre ne possèdent PLUS RIEN). Le Premier ministre britannique Boris Johnson a exhorté les autres dirigeants à "agir sur le charbon, les voitures, l'argent et les arbres", le tout sous le couvert de la théorie de la crise climatique du CO2 anthropique, une "science de pacotille".

Une fois que des milliards d'entre nous auront été "éliminés" par ces méthodes et ces mensonges - l'Agenda-2030 veut laisser un maximum de 1,5 milliard de personnes, les Georgia Guidestones indiquent un nombre souhaité de 500 millions - ces puissantes familles bancaires, milliardaires et maisons royales auront toutes les ressources naturelles et la Terre entière pour elles-mêmes pour les générations à venir. Les esclaves survivants seront branchés de force à un réseau technocratique 5G/A.I., et pourront être contrôlés, abusés et exploités à volonté, et éliminés dès qu'ils ne seront plus nécessaires.

Seule la force du nombre peut arrêter cette guerre contre l'humanité.

En dehors d'une intervention divine surnaturelle attendue par les croyants, le "pouvoir du nombre" est la seule chose qui puisse encore arrêter cette troisième guerre mondiale contre la race humaine. Lorsque des milliards de gens ordinaires mettront enfin de côté et accepteront leurs différences mutuelles, ils pourront s'unir pour mettre fin une fois pour toutes à la domination séculaire de ces familles maléfiques et de leurs organisations trompeuses (ONU / WEF / UE / FMI / GAVI / Commission trilatérale, Bilderberg, BIS, Fondation Gates, Fondation Rockefeller, etc.), qui ne représentent tout au plus que quelques dizaines de milliers de personnes, mais font de la vie un enfer indescriptible pour les autres.

Cette unanimité des noirs, des bruns, des blancs, des jaunes, des jeunes, des vieux, des musulmans, des chrétiens, des bouddhistes, des juifs, des vaxxers, des non-vaccinés, des gauchistes, des droitiers ou des membres de n'importe quelle lettre de l'alphabet identitaire, est la seule chose que ces démons sadiques en geeks humains craignent, et c'est donc exactement ce qu'ils essaient d'empêcher de toutes leurs forces avec la "diversité" et des choses comme les QR/pass vaccinaux.

Allons-nous nous laisser prendre à ces tactiques tape-à-l'œil de "diviser pour mieux régner", ou allons-nous enfin montrer que nous avons tiré les leçons de l'oppression sanglante et des autres tragédies sociales du passé, qui étaient si souvent le résultat de notre confiance aveugle et sans méfiance en des "dirigeants" et des "gouvernements" menteurs ? Notre survie totale pourrait bien en dépendre.

Plus de pénuries ?

Décarbonisation = dépeuplement. *Éliminer le CO2 signifie éliminer la race humaine"* - La **période 2022 - 2024 sera cruciale pour nous tous.**

Le CO2 est la "molécule de la vie" dans notre atmosphère. Sans le CO2, la vie actuelle sur notre planète ne serait pas possible. En dépit de toute la propagande climatique, le niveau de CO2 dans notre atmosphère est toujours historiquement bas (450-500 ppm) et ne dépasse pas de beaucoup la limite inférieure dangereuse de 300 ppm. En dessous de ce niveau, tout ce qui vit sur cette planète commence à mourir. Alors quelle bonne idée de l'Occident de non seulement réduire considérablement les émissions de CO2, mais aussi de le retirer de l'atmosphère. Aux États-Unis, un grand projet a été lancé pour faire exactement cela. Cette idée est tellement absurde et dangereuse qu'elle est plus ou moins comparable au scénario de films de science-fiction bien connus dans lesquels une race extraterrestre agressive "terraforme" la Terre en une autre atmosphère, hostile à notre égard, afin qu'elle convienne à sa forme de vie.

Expropriation des agriculteurs = attaque contre l'approvisionnement alimentaire

Dans le droit fil de l'Agenda 2030, aux États-Unis, de très nombreux agriculteurs (directement ou indirectement grâce aux milliards de Bill Gates) sont rachetés de force et donc expropriés, après quoi leurs terres confisquées seront en partie retirées de l'arsenal agricole. L'objectif est de céder le contrôle total de l'approvisionnement alimentaire, qui sera bientôt fortement limité, au gouvernement mondial communiste de la "Grande Réinitialisation", qui fonctionne déjà, bien qu'un certain nombre de pays (comme la Russie) refusent obstinément de se soumettre.

Le projet "Heartland Greenway" dans l'Iowa est évidemment présenté comme "vert" et prétendument bénéfique pour "le climat" et "la communauté", mais comme c'est le cas aujourd'hui avec presque tout ce que l'élite occidentale fait passer - pensez notamment aux injections de thérapie génique Covid - c'est en réalité le contraire qui est réalisé.

Une fois que l'infrastructure du projet sera opérationnelle, l'équivalent des émissions de CO2 de 3,2 millions de voitures ou de trois fois la ville de Des Moines sera aspiré de l'atmosphère et stocké sous terre. À l'échelle des États-Unis, ce n'est pas encore beaucoup, mais si le projet réussit, de nombreuses autres centrales de ce type sont envisagées.

Le CO2 sert à nourrir les plantes et les cultures, et donc à nous nourrir.

Toute personne ayant terminé l'école primaire sait que la photosynthèse des plantes et des cultures dépend du soleil, de l'eau et du CO2. Les serres du Westland sont remplies de CO2 pour que les cultures poussent plus vite et plus gros. Cela a fait de notre petit pays l'un des plus grands exportateurs de nourriture au monde.

Les humains et les animaux, constitués de carbone, "consomment" ce CO2 après qu'il a été transformé par les cultures en protéines et en molécules dont nous avons grand besoin. Dans un passé lointain, lorsqu'il y avait des milliers de ppm de CO2 dans l'atmosphère, notre planète était un grand jardin vert avec d'immenses forêts tropicales là où il y a aujourd'hui des déserts. Avec encore moins de CO2 - essentiellement la "molécule de Dieu" dans notre atmosphère - notre planète deviendra encore plus froide et plus sèche, les cultures seront détruites en masse et des famines sans précédent éclateront.

Ceux-ci, comme vous le savez, arrivent de toute façon à partir de l'année prochaine, et cela aussi est le résultat direct des politiques climatiques des mondialistes occidentaux. Depuis des années, il y a une guerre contre le gaz naturel, qui a maintenant partiellement effondré la production d'engrais - dont dépend l'alimentation de près de 4 milliards de personnes.

Éliminer le CO2 = éliminer l'humanité

Si l'on veut supprimer tout le CO2 de l'atmosphère - comme Bill Gates l'a ouvertement suggéré à plusieurs reprises, notamment dans l'un de ses tristement célèbres "Ted Talks" d'il y a plusieurs années -, la Terre deviendra plus ou moins une sorte de seconde Mars et sera donc totalement inadaptée et inhabitable pour la vie humaine. L'élimination du CO2 de l'atmosphère ne revient donc à rien d'autre qu'à un "génocide à l'échelle planétaire", selon Mike Adams (Natural News).

La guerre contre le carbone (/CO2) est une guerre contre la vie. Contre nous. Décarbonisation = dépopulation. Éliminer le CO2 signifie éliminer la race humaine.

Une fois que le projet dans l'Iowa sera considéré comme un succès, ces usines seront construites partout. Le CO2 sera aspiré de notre atmosphère, provoquant le flétrissement et la mort des plantes et des cultures. La civilisation humaine sera détruite. S'il reste du CO2, un demi-milliard de personnes pourront peut-être rester en vie, comme indiqué sur les "Georgia Guidestones" (1,5 milliard au maximum selon l'Agenda 2030).

Les "reptiles" moraux et spirituels

Dans la série classique de science-fiction "V" (années 1980), d'énormes vaisseaux spatiaux apparaissent dans le ciel, d'où sort une race extraterrestre qui semble identique aux humains, mais sous leur fausse peau se cachent des reptiles. Ils se font passer pour des bienfaiteurs et nous offrent toutes sortes de technologies médicales, mais en attendant, ils veulent notre eau et notre nourriture. Cette nourriture, c'est nous. Toujours dans le film de sf Oblivion (2013), des machines gigantesques aspirent l'eau de notre planète.

En observant la "politique" de vaccination climatique, tout aussi insensée et dévastatrice, on pourrait conclure que "V" et "Oblivion" étaient des formes de programmation prédictive. C'était de la fiction, bien sûr, mais en suivant la ligne de "V", il semble suspect que les dirigeants occidentaux aient perdu toute leur humanité sous leur "peau", et qu'ils se soient en tout cas transformés en "reptiles" moraux et spirituels qui provoquent la chute de l'humanité.

Si nous n'arrêtons pas la décarbonisation, la vie sur Terre telle que nous la connaissons prendra fin. Nous subissons une attaque totale à l'échelle planétaire", conclut Adams. L'humanité doit riposter, ou périr".

Les prochaines années seront cruciales

Les années 2022-2024 pourraient bien être les plus cruciales pour nous tous. Aucun mortel ne pourra échapper à ce que des forces diaboliques ont lâché sur l'humanité et - quelles que soient les protestations encore à venir - lâcheront encore. La nouvelle société technocratique "climato-vaxxer", forgée dans la peur, la haine et la méfiance, sera imposée coûte que coûte. Une victime de plus ou de moins ne sera pas prise en compte, même si de plus en plus de zéros doivent être ajoutés au nombre de malades et de morts.

135

Rappelez-vous que cet "enfer sur terre" qui s'annonce n'est pas une "punition de Dieu", comme on le présente souvent dans les églises, mais une conséquence directe du fait de ne plus vouloir défendre la vérité, de continuer à croire aux mensonges démontrables et aux affabulations qui chatouillent les oreilles, et de coopérer sans critique - et même avec bienveillance - avec le Mal absolu déguisé en fausse lumière qui déferle maintenant partout, notre pays n'étant pas exclu.

Je conclus par des mots que je n'ai jamais utilisés auparavant : beaucoup d'entre nous risquent de ne pas survivre à cette période. Il est grand temps de commencer à en tenir sérieusement compte dans votre esprit et dans vos actions.

Cela peut se faire en vous déconnectant autant que possible de tous les souhaits, désirs et possessions terrestres et en dirigeant votre moi intérieur vers Dieu, la source de toute lumière, de toute vie et de toute conscience, qui, après la destruction totale annoncée de l'actuel système bancaire "pharma" babylonien/luciférien qui, depuis 2020, exerce désespérément son dernier coup de force contre nous, pourrait, dans quelques années, avec la venue du Christ, changer et renouveler de façon permanente la vie temporaire si difficile et si douloureuse sur cette planète.

Et gardez espoir, car cette lumière - souvent appelée "Royaume des cieux" par Jésus dans le Nouveau Testament - est en train de percer chez un nombre croissant de personnes dans le monde entier depuis quelque temps déjà.

Reprogrammer des humains ?

**La nouvelle technologie permettant de transformer
l'humain d'origine en "humain 2.0" (transhumanisme)
est prête** - *Approbation de l'utilisation de la puce chez
l'homme probablement dans un délai d'un an.*

Des scientifiques de la faculté de médecine de
l'université de l'Indiana ont mis au point une puce en
silicium capable de transformer des cellules de peau
humaine en vaisseaux sanguins et en cellules nerveuses.
Le prototype a maintenant été développé et testé à un
point tel que la puce peut être produite.

La nanotransfection tissulaire est une nouvelle
technologie qui permet de modifier et de
reprogrammer la fonction des tissus et cellules humains
au niveau génétique en une fraction de seconde. Cette
puce aurait été mise au point pour guérir diverses
affections médicales - telles qu'une blessure grave et
des lésions cérébrales et nerveuses - mais elle semble
avoir un potentiel particulier pour achever la
transformation de l'humain originel en "humain 2.0"
(transhumanisme).

Selon Chandan Sen, directeur du Centre de médecine
régénérative et d'ingénierie de l'Indiana, d'autres
chercheurs peuvent désormais participer au
développement de la médecine de nanotransfection.

"Cette minuscule puce en silicone déploie une nanotechnologie capable de modifier la fonction des parties vivantes du corps. Supposons qu'une personne ait des vaisseaux sanguins endommagés après un accident de la route et qu'elle ait besoin de sang... nous pouvons transformer les tissus de la peau en vaisseaux sanguins et sauver le membre compromis'.

Le processus de nanoproduction de la puce prend actuellement cinq à six jours. M. Sen espère obtenir l'approbation de la FDA d'ici un an, après quoi la puce pourra être utilisée pour la recherche clinique sur des humains (comme les patients dans les hôpitaux et les personnes aux urgences).

Pour le bien de l'humanité ?

Pensez-vous un jour que cette technologie, en soi fantastique, sera utilisée au profit des gens ordinaires ? Bien sûr que non, du moins pas tant que le même complexe de Big Pharma, Big Tech, Big Politics et Big Banks continuera à brandir le sceptre sur ce monde. (Par exemple, le développement de cette puce a été financé par le NIH (National Institutes of Health), qui a joué et continue de jouer un rôle extrêmement pernicieux dans le déclenchement et le maintien des mesures de "pandémie" corona, et en particulier les injections obligatoires de thérapie génique).

Les grandes entreprises pharmaceutiques réussissent de plus en plus souvent, par exemple dans l'UE, à

139

supprimer et/ou à faire interdire des compléments alimentaires et des médicaments (naturels) dont l'efficacité a été prouvée, simplement parce qu'ils représentent un danger pour la pandémie extrêmement lucrative de dépendance aux médicaments qui s'est déclenchée au cours des dernières décennies, en particulier en Occident, et qui rend toute la population de plus en plus malade, faible et dépendante.

Et pensez-vous que les politiciens attendent vraiment une population en bonne santé et fonctionnelle ? Si cela était un tant soit peu vrai, l'Ivermectin, qui a été récompensée par le prix Nobel, aurait été utilisée immédiatement l'année dernière pour lutter contre l'épidémie de corona, car elle est bon marché, extrêmement sûre et a fait ses preuves. Les expériences faites dans les pays et les régions qui sont allés à l'encontre de la directive de l'OMS et qui l'ont tout de même prescrite, ont prouvé cet effet très clairement.

Mais Big Pharma ne peut pas faire d'argent avec de l'Ivermectin sans brevet, et encore moins avec des personnes et des enfants en bonne santé. Ainsi, une autre griffe maléfique de ce ventre mondialiste plein de népotisme et de corruption profonde - la politique - a été déployée pour arrêter ce médicament, en faveur des injections de thérapie/manipulation génique, désormais extrêmement nocives et dangereuses, avec lesquelles les fabricants engrangent des milliards (l'argent des impôts qui aurait pu être consacré à la santé publique réelle, et à l'amélioration de questions triviales comme les soins de santé et l'éducation en général).

Aussi, la technologie ARNm a été abusée presque immédiatement.

Nous allons vous changer", annonçait ouvertement Klaus Schwab il y a quelques années. Selon lui, l'être humain doit être transformé au niveau de l'ADN pour devenir un être "meilleur" (= plus contrôlable et plus gouvernable, c'est-à-dire totalement privé de sa liberté, de son autodétermination et de sa vie privée). Comme le génie génétique humain n'était encore autorisé nulle part dans le monde, il fallait inventer une crise. Comme on le sait, c'est devenu la "pandémie" corona, qui était encore ouvertement et largement pratiquée en octobre 2019 (événement 201).

Sous le couvert d'un virus respiratoire - qui s'est avéré statistiquement n'être pas plus dangereux qu'une grippe bénigne - la technologie controversée de l'ARNm, dont une équipe de recherche interuniversitaire américaine a constaté en 2019 qu'elle était loin d'être apte à être testée sur des humains, a été poussée avec une coercition croissante et une fraude, une tromperie et une supercherie avérées. Ce fut le sauvetage de Moderna, qui était au bord de l'effondrement cette année-là, et à l'heure actuelle, une grande partie de la population mondiale a reçu les premières injections d'une série interminable d'injections expérimentales de thérapie/manipulation génique (un fait récemment reconnu publiquement par le PDG de Pfizer).

De même, la technologie de l'ARNm a été développée à l'origine pour aider les gens, guérir et développer un traitement contre le cancer et d'autres maladies graves. Mais bien que cette technologie ARNm soit loin d'être sans danger pour l'homme, et qu'elle n'ait été utilisée qu'exceptionnellement sur des personnes en phase terminale (avec des résultats régulièrement fatals), quelque 11 à 12 millions de Néerlandais se sont fait injecter cette technologie après s'être laissés terrifier par une fausse propagande sur un virus respiratoire. Avec toutes les conséquences dramatiques que cela implique, qu'il est de plus en plus difficile de nier, et qui sont maintenant si clairement prouvées que le médecin scientifique britannique le plus connu et le plus cité parle littéralement de "meurtre".

Esclaves transhumains

Les nouvelles technologies étant utilisées dans un laps de temps incroyablement court pour atteindre des objectifs idéologiques maléfiques, nous devrions, à mon avis, nous méfier fortement de la puce de nanotransfection qui a été mise au point. En effet, combinée à la nanotechnologie* déjà appliquée dans les injections de Covid, elle pourrait bien être utilisée à mauvais escient pour réaliser le grand rêve des mondialistes du climat-vaccin - le contrôle technocratique total et absolu de tout et de tous.

Les personnes qui parviendront à survivre aux crises fabriquées de notre époque - et qui sait ce qu'on nous enverra encore - dégénéreront alors en esclaves transhumains liés numériquement, en une sorte de cyborgs androïdes qui ne peuvent (et ne veulent) que suivre les ordres. Ce sera la pire forme d'esclavage qui soit, en partie parce que ces personnes ne pourront plus caresser l'espoir de pouvoir un jour s'en sortir (si l'émotion de l'"espoir" est autorisée par la technologie injectée (contrôlée par la 5G/A.I.)).

L'intégration progressive dans ce système de "La Bête" a commencé en force avec la première série d'injections de Covid. Si vous vous êtes fait avoir, vous pouvez peut-être encore vous en sortir maintenant - et devrez accepter le prix élevé d'un système immunitaire endommagé et/ou de caillots sanguins et/ou de dommages génétiques et organiques - mais à un moment donné - après la troisième injection ? la sixième ? - très probablement plus rien, surtout lorsque la carte QR-vax sera liée à votre carte d'identité, votre carte bancaire et votre accès à... tout, y compris la vie elle-même.

143

Une lueur d'espoir

L'économiste américain Martin Armstrong appelle même à "un coup d'État militaire à l'ancienne pour éloigner ces politiciens... et lutter contre cette invasion étrangère (la "Grande Réinitialisation")" - *"Les Suisses devraient prendre d'assaut le Forum économique mondial" - Les prochains mois seront décisifs.*

Afin d'éviter que nous ne soyons plongés encore plus profondément dans cette dictature communiste de l'Agenda 2030 "Great Reset" climat-vaccins sous couvert de santé publique avec des mesures fascistes dures comme le roc, et pour s'assurer que nous retrouvions notre liberté et notre autodétermination, il est crucial qu'une partie importante des forces de l'ordre commence à ignorer les ordres illégaux des politiciens et prenne ouvertement le parti du peuple. En Autriche, où les personnes non vaccinées ont été assignées à résidence et où elles sont littéralement pourchassées si elles osent sortir quand même, ce contre-mouvement a maintenant commencé. Dans l'État américain de l'Oklahoma, un général de la Garde nationale a annulé l'obligation de vaccination pour tous les militaires dès sa nomination.

Nous avons besoin d'un coup d'État militaire à l'ancienne.

En Autriche, la police et l'armée tiennent tête au gouvernement", écrit Martin Armstrong, économiste américain de renom. Ce dont nous avons besoin, c'est d'un coup d'État militaire à l'ancienne pour entraîner ces politiciens dans certains pays, afin que les autres craignent la révolution. C'est ainsi que se produit une "contagion politique". Ce n'est que lorsque les militaires et les policiers décideront de protéger la vie des gens plutôt que de détruire l'avenir de leurs propres enfants que la justice pourra renaître de ses cendres".

À Vienne, un grand nombre d'agents et de militaires refusent d'appliquer les passes de vaccination obligatoires. Selon Armstrong, le fait que Bill Gates admette ouvertement que les injections de Covid ne fonctionnent pas comme prévu et ne peuvent pas prévenir les infections y a contribué. Ainsi, puisque même Gates admet qu'il n'y a pas de différence entre les personnes vaccinées et non vaccinées, toutes les mesures d'apartheid qui séparent le second groupe du premier sont inutiles, injustifiées et illégales, et ne sont donc rien d'autre que de la pure oppression totalitaire.

"Luttez contre cette invasion étrangère, attaquez le WEF.

L'armée et la police autrichiennes sont les premières au monde à défendre les droits de l'homme contre cet agenda étranger (mondialiste). Au nom de la 'liberté et de la dignité humaine', ils viennent en aide à leur pays dans la lutte contre ce qui est en réalité une invasion étrangère.

Les Suisses doivent prendre d'assaut le Forum économique mondial (à Davos), et nous verrons alors toutes les preuves de cette attaque mondiale coordonnée contre nos libertés", conclut M. Armstrong.

La Garde nationale de l'Oklahoma retire l'obligation de vaccination.

Aux États-Unis, les prémices d'un schisme au sein des forces armées se dessinent. Hier, le gouverneur de l'Oklahoma, Kevin Stitt, a nommé le brigadier général Thomas Mancino comme nouvel adjudant. Il remplace le major-général Michael Thompson, qui ne passera le commandement à Mancino que le 15 janvier 2022.

Le premier ordre du jour de Mancino ? Abroger l'obligation de vaccination pour tous les soldats de la Garde nationale tant qu'elle est sous son commandement. En revanche, si les troupes sont mobilisées par le gouvernement fédéral, cette obligation restera en vigueur, car elles relèveront alors du Pentagone. Ce qui, soit dit en passant, a annoncé une "réponse appropriée".

Selon des estimations officieuses, l'armée américaine compte actuellement plusieurs dizaines de milliers de personnes qui refusent de se faire injecter. L'administration Biden passe de toute façon une mauvaise semaine maintenant qu'une cour d'appel fédérale a décidé de confirmer l'injonction préliminaire d'un tribunal inférieur contre l'obligation de 3G pour les entreprises privées comptant plus de 99 employés. Ces employés peuvent pousser un soupir de soulagement car ils ne peuvent pas (encore) être licenciés pour avoir manqué à leurs obligations en matière de vaccination ou de test.

Des signes de résistance dans d'autres pays d'Europe et en Nouvelle-Zélande également

Pendant les années de préparation de ce coup d'État, la structure policière en Europe a été chamboulée (Police nationale), à tel point qu'une méfiance mutuelle s'est créée, comme le montrent plusieurs témoignages d'anciens policiers et de policiers en activité. De plus, beaucoup de connaissances et d'expertise ont disparu.

Un groupe de policiers de Nouvelle-Zélande a publié cette vidéo dans laquelle ils affirment être pour le libre choix et ne feront pas de discrimination entre les vaxxers et les non-vaxxés. Ils réclament "Mon corps, mon choix", y compris pour les flics, qui devraient tous être obligés de se faire injecter.

Mes droits et libertés en matière de santé ne devraient PAS être décidés par la police", a écrit un agent sur le capot d'un véhicule de service. Un autre policier : "20 ans dans la police, et maintenant 'No Jab, No Job' ? La coercition n'est PAS un consentement". Un collègue : "PAS d'obligations ! PAS de ségrégation ! PAS de discrimination ! Un officier qui travaille dans la police depuis 17 ans : "C'est plus que mon travail, c'est ma vie.

Je fais confiance à mon système immunitaire plutôt qu'à une injection expérimentale".

Les prochains mois, ça passe ou ça casse.

Il y a une prise de conscience croissante que les mois à venir seront décisifs pour notre liberté et notre avenir. À tout moment maintenant, les gouvernements occidentaux peuvent appuyer sur la gâchette de la phase suivante du programme "Build Back Better - Great Reset" du WEF, conçu pour soumettre nos pays à la dictature communiste de l'Agenda 2030 sur le climat et les vaccins par le biais de politiques très radicales et dévastatrices. Cette prochaine phase pourrait bien commencer par un black-out soudain de plusieurs jours, voire de plusieurs semaines, comme l'a annoncé le WEF au début de cette année.

Ces ennemis de tout ce qui nous est cher - et même de la vie - vont-ils gagner ? Parce que cette panne sera probablement utilisée pour une "remise à zéro" financière, économique et sociale totale, au cours de laquelle TOUT sera retiré aux citoyens et aux PME et remis entre les mains d'un puissant club mondialiste (Big Pharma / Big Tech, ONU / UE / WEF / FMI / GAVI / BIS / Commission trilatérale et autres).

Ou bien les gens et les peuples finiront-ils par dire NON en masse, et veilleront-ils pacifiquement à ce que les responsables soient déposés et/ou arrêtés, et jugés équitablement devant un tribunal pour crimes de guerre pour avoir commis et/ou collaboré à de graves crimes contre l'humanité ?

www.ingramcontent.com/pod-product-compliance
Lightning Source LLC
La Vergne TN
LVHW010017200726
843495LV00015B/1809